KB261062

# 조각배에서 중심잡기

유 경 지음

들꽃누리

**조각배에서 중심잡기**

처음 박은날 : 2009년 4월 15일
처음 펴낸날 : 2009년 4월 25일

지은이 : 유　경
펴낸이 : 김영식
펴낸곳 : 도서출판 들꽃누리

서울시 광진구 자양2동 643-33 1층
전화 : (02)455-6365 · 팩스 (02)455-6366
등록 : 제1-2508호

ⓒ 유　경, 2009
E-mail : draba21@dreamwiz.com
www.nurira.com
ISBN 978-89-90286-35-2　　　　　　　　　값은 표지에 있습니다.

조각배에서 중심잡기

나는 어쩌면, 글을 읽는 당신보다 나이도 어리고 경험도 적을지 모른다. 그래서인지 처음 이 책을 쓰기로 마음먹었을 때, 가장 먼저 불안감을 느꼈다. 아직 나는 내 인생에서조차 커다란 성공을 이끌어 내지 못했기 때문이다. 정상에 서 있는 자가 아닌, 올라가는 자가 할 수 있는 말이 무엇일까.

하지만 나는 지금 글을 쓰고 있다. 수많은 고민과 생각 끝에, 결국 나는 '쓰기'로 결정했다. 뭐 어떠랴. 나는 누군가를 가르치기 위해 이 책을 내는 것이 아닌데. 난 무언가를 알리는 것이 아니라 이야기 하고 싶은 것뿐이다.

사람이란 망망대해에 떠 있는 작은 조각배에 불과하다는 생각이 든다. 잔잔한 바다에서 따뜻한 햇살을 느끼게 될지, 풍랑을 만나게 될지는 아무도 모른다. 하지만 분명한 것은 어떤 식의 날들이 오더 라도 중심을 잃지 않아야 한다는 것이다. 어떤 이의 날카로운 말이 날아오더라도, 실패의 연속으로 가슴에 못이 박히더라도 우리는 그 중심을 잃으면 안 된다.

그래서, 책을 쓰며 가장 신경을 쓴 것은 솔직해지는 거였다. 이것저것 다 까발려서 쪽을 팔더라도 솔직하게 얘기하자. 내가 하고 싶은 것은 '이야기'였으니까.

이야기를 시작하기 전에, 나의 가장 큰 조력자이자 버팀목이 되어주시는 부모님과 날 많이 도와주는 착한 동생, 그리고 내가 사랑하는 그 사람에게 고맙다는 말을 전한다. 그들이 없었더라면, 나는 아직도 허우적거리고 있을 것이다. 단지 슬럼프일 뿐이라는 합리화를 하며.

2009년 봄 훈풍이 불어오는 날

유  경

현대인의 감성 매너

# 2장 마음<sup>mind</sup> · 129

현대인의 감성 매너

# 1장

## 실천

practice

# 기록은 기억을 지배한다

'무딘 연필이 우수한 머리보다 앞선다'라는 말이 있다. 당신은 당신의 머리를 얼마나 믿고 있는지. 아무리 우수한 두뇌를 가지고 있는 사람도 꼼꼼히 기록하는 사람을 이길 수 없다.

역사적으로 유명한 발명가나 음악가, 정치가 들은 모두 메모를 잘하는 기록 광이었다. 링컨은 모자 속에 항상 종이와 연필을 넣고 다니면서 떠오르는 좋은 생각이나 남한테 들은 말을 즉시 기록하는 습관을 가진 덕분에, 정규 학교는 근처에도 가보지 못했지만 훌륭한 달변가가 될 수 있었다. 슈베르트는 식당의 식단표에든, 입고 있던 자신의 옷에든 그때 그때 떠오른 악상을 적어 넣은 덕분에 그토록 아름다운 곡들을 많이 남길 수 있었다.

생각은 장소와 시간을 가려서 떠오르는 것이 아니다. 자다가 목이 말라 깬 어둠으로 가득한 새벽에도 떠오르는 것이 생각이다. 당신에게 메모할 것이 아무것도 없다면, 길가 한복판에서 떠오른 생각을 어떻게 무사히 들고 올 것인가.

메모는 언제 어디서든 머릿속에 생각이 떠오른 그 자리에서 바로 기록해야 한다. 그것이 목욕할 때라도 놓치면 안 된다. 늘 주위를 관찰해야 하는 것이다. 메모를 할 때는 규칙이 없다. 다만, 시간이 지난 후 다시 검토했을 때도 중요한 부분을 알 수 있어야 한다. 사실을 정확하게 적어 놓고 자신의 생각을 기록한다. 사실과 생각을 알아볼 수 있도록 구분하고, 중요한 사항에는 밑줄을 긋거나 동그라미 표시를 해 알아보기 쉽도록 한다.

처음부터 메모를 습관 하기는 힘들다. 하지만 메모는 하면 할수록 필요성과 중요성을 몸으로 느낄 수 있어 저절로 습관화된다. 모든 일이 그렇듯 습관화되기 전에는 힘들기 마련이다. 하지만 습관화되고 몸에 배면 그렇게 자연스러울 수가 없다. 기억은 짧고 기록은 영원하다고 하지 않던가.

1953년, 미국의 한 대학에서 학생들의 삶의 목표를 알아보는 조사를 실시했다. 조사결과, 오직 3퍼센트의 학생들만이 자신의 목표를 글로 적어두었다고 대답했다. 20년 후에 확인한 결과, 자신의 목표를 썼던 3퍼센트의 졸업생들의 재산은 나머지 졸업생 전부가 축적한 것보다 훨씬 많았다.

목표를 글로 썼느냐 쓰지 않았느냐의 여부에 따라 결과가 변한다는 것은 무척이나 놀라운 사실이다.

당장 무엇인가가 생각난다면 지금 당장 그 생각을 메모해 보길 권유한다. 그 메모 한 장이 당신의 인생을 완전히 바꿀 수도 있기 때문이다.

# 눈으로 말해요

사랑에 빠진 연인들의 눈을 본 적이 있는지? 사람들은 자신의 진심을 고백할 때 상대의 눈을 바라본다. 우리의 옛말에 '눈은 입만큼 말을 한다'가 있다. 서양에서는 '눈은 마음의 창'이라 하여 그 사람의 마음속이 눈에 나타나 있다고 할 정도다.

상대와 눈을 마주치는 행위를 '아이 콘택트eye contact'라고 한다. 서로 얼마나 아끼고 신뢰하고 있는지 거짓 없이 알 수 있는 것이 이 아이 콘택트다. 열 번의 의식적인 행동보다 이 다정한 눈 맞춤은 훨씬 가까이 상대에게 진심을 전달할 수 있다.

미국의 심리학자 헤스[E. H. Hess]는 밝은 방에서 독서하는 아내의 동공을 보고 놀랐다. 밝은 것을 볼 때는 축소되어야 하는데, 그녀의 동공은 커져 있었던 것. 그래서 그는 남성에게 여성의 누드 사진을, 여성에게 남성의 누드 사진을 보여주는 실험을 했다. 결과는 남녀 모두 동공이 약 20퍼센트나 확대되는 것이었다.

사람은 흥미를 끄는 것, 관심 있는 것을 봤을 때 동공이 활짝 열린다. 흥미 정도에 따라 눈동자의 크기가 달라지는 것이다.

커뮤니케이션에서 특히 중요한 것은 시선이다. 이야기를 할 때에 그 사람의 침착하지 못함, 초조함, 자신감의 결여 등은 반드시 눈에 나타난다.

최근 한 연구에 의하면 대화를 나누고 있는 두 사람이 서로를 바라보는 시간은 통상 대화 전체의 약 30~60퍼센트를 차지한다. 그리고 이때 아이 콘택트를 하는 시간은 대화 전체의 약 10~30퍼센트로, 시간으로 환산하면 약 1~7초 정도다. 상대가 조금만 당신을 살핀다면 당신이 얼마나 이야기에 관심을 갖는지, 제대로 이해하며 호의적인 반응을 보이고 있는지를 알 수 있다.

일반적으로 여성이 남성보다 상대와 시선을 더 자주 맞춘다. 이는 여성이 남성보다 친화 욕구는 강한 반면 지배 욕구는 적기 때문이다.

상대가 만약 시선을 똑바로 맞추지 못하고 좌우로 피하거나 이야기 중에 눈동자를 이리저리 굴린다면, 상대가 당신의 이야기에 흥미를 느끼지 못하는 것이다. 다른 생각을 하고 있거나 지겨워하고 있는지도 모른다. 이야기에 관심이 있다면 똑바로 이쪽을 바라보고 있어야 한다. 만약 상대가 그런 반응이라면 화제를 바꾸거나 이야기의 주도권을 자연스레 상대에게 넘기는 것이 좋다.

관심이 가는 이야기라면 시선을 더 자주, 오래 두게 되어 있다. 좋아하는 사람이 있으면 자신도 모르게 그 사람을 눈으로 좇게 되지 않는가. 호의적인 사람에게 시선이 가는 것은 당연한 것이다. 그러므로 시선이 마주치는 것은 서로에게 관심이 있다는 증거다. 상대가 만일 이성이라면 둘은 연인 관계로 발전할 가능성이 높고, 비즈니스 관계라면 이야기에 초점을 맞추고 있다는 증거다.

상대의 눈을 보는 것을 피하지 마라. 당신이 상대의 눈을 피할수록 상대는 당신에 대해 반감을 가질 수 있다. 눈이 시뻘개지도록 밤새 쓴 사업 계획서가 하루아침에 물거품이 될 수도 있다.

# 제대로 듣기

    대화<sup>對話</sup>의 사전적 의미는 마주 대하여 이야기를 주고받음이다. 따라서 대화란 혼자 하는 것이 아니라는 이야기. 어릴 적 교과서를 더듬어 보자.

    지금이야 '국어'라는 한 과목으로 통합되어 있지만, 우리 어릴 적에는 '말하기'와 '듣기' '쓰기'라는 과목이 분류되어 있었다. '듣기'라는 과목이 따로 있었다는 말이다. 하지만 남의 말을 제대로 들을 줄 아는 사람은 여전히 적다.

안 그런 이도 물론 있겠지만, 대화를 하는 사람 중에는 자신의 귀를 닫고 있는 사람이 상당히 많다. 다른 사람의 이야기를 잘라먹고 자신의 이야기를 하는 사람, 자기 자랑만 하는 사람, 상대방의 의견을 물을 줄 모르는 사람 등 일방적인 대화는 끝이 없다. 혼자 그렇게 떠벌리려면 저기 저 벽 앞에 서서 이야기하든지 녹음을 하는 방법을 택할 것이지 말이다.

당신은 얼마나 남의 이야기에 귀를 기울이는가? 대화에서 듣는 것이란 그저 습관적으로 고개만 주억거리는 것이 아니다. 테이프나 동영상을 보는 것이 아니라는 말이다. 우리는 다른 사람이 자신의 이야기를 듣고 있는지, 아닌지를 판단할 수 있다.

어느 음식점에 갔다고 가정해 보자. 음식점 입구의 카운터에는 계산을 하는 여직원이 있다. 그녀는 들어오는 고객에게 '어서 오세요' 하는 인사를 한다. 하지만 그녀의 손은 돈을 세느라 바쁘고, 그녀의 눈은 매출 장부를 확인하느라 정신이 없다. 고객은 그녀의 인사에 아무도 대답하지 않고 무심하게 스쳐 지나간다.

그녀의 인사를 받아주지 않는 이유가 무엇일까. 그것은 고객이 예의가 없어서가 아니다. 그녀가 자신에게 인사를 하는 것이 아님을 알고 있다는 뜻이다. 그녀의 목소리는 그를 향한 것이 아니므로, 고객은 그 인사에 대꾸하지 않는다.

우리는 신기하게도 무심하게 대하는 목소리와 진심이나 뜻이 담겨 있는 목소리를 판단할 수 있는 능력을 가지고 있다. 대화를 할 때 진심 어린 '듣기'를 해야 하는 이유가 여기에 있다.

자신의 이야기를 할 때 집중하지 않는 사람은 없다. 하지만 다른 이의 이야기를 들을 때 집중하지 않는 사람은 의외로 많다. 그럼으로써 이야기는 겉돌게 되고 지루해지는 것이다.

듣기에서 가장 최고의 배려는 수긍해주는 것이다. 사람은 누구나 공감 받고 싶어 한다. 눈을 맞추며 고개를 끄덕이거나 맞장구를 치는 것만으로도 당신의 대화는 이미 절반 이상 성공했다고 볼 수 있다.

그렇다고 무조건적인 맞장구는 피해야 한다. 부정적인 이야기를 꺼내 칭찬 받고 싶어 하는 이도 많기 때문이다. 이것은 공감을 원하는 것이 아닌 경우이다.

'살쪘지?' 하고 물어보는 연인의 말에 '아니, 그렇지 않아. 언제나 예쁜 걸' 하는 정도의 주의는 필요하다는 것.

 가장 말을 잘하는 사람이란, 바로 남의 말을 가장 잘 들어주는 사람이다. 인간이 입이 하나이고 귀가 두 개인 이유도, 말은 한 마디만 하고 두 배로 들으라는 의미다.

# 이기적인 talker 방지법

텔런트 L씨는 차분하고 낮은 목소리로 많은 여성 팬들의 지지를 받고 있다. 출중한 외모와 탄력 있는 몸매도 그의 인기에 한몫 단단히 하겠지만, 많은 팬들은 그의 목소리를 매력 포인트로 꼽는다.

타고난 목소리가 이리 좋으면 뭐가 걱정이겠느냐만 문제는 그렇지 않다는 데 있다. 목소리만으로 청중을 사로잡을 수 있는 사람이 몇이나 되겠나.

상담원이나 홈 쇼핑 코너의 쇼핑 호스트 또는 백화점, 호텔 등의 서비스직에 종사하는 사람의 경우, 남성은 '미'톤, 여성은 '솔'톤의 목소리를 낸다. 도레미파솔 음계를 따라 올라가 멈추는 그 자리에서 이야기를 하는 것이다. 상대방에게 명랑함과 또렷함을 주기 위해서다.

반면 고객 상담실에 불평·불만 전화가 걸려오는 경우 낮고 깊이 있는 목소리로 응대한다. 그렇게 되면 상대방에게 안도감과 신뢰감을 주어 노여움이 줄어든다는 것.

대화에서 중요한 것은 목소리의 높낮이뿐만 아니다. 속도 역시 무시하지 못할 대화법 중 하나다.

처음에는 천천히 이야기하더라도 이야기에 열중하다 보면 속도가 무서울 정도로 빨라지는 사람이 있다. 하지만 그것이 때와 장소에 맞고 귀에 쏙쏙 박히면 상관없다. 실제로 성공한 CEO들 중 많은 사람이 빠른 속도로, 당당하게 상대방의 집중력을 높이는 방법을 사용하기 때문이다. 하지만 그런 방법을 모르는 사람이 많은 것이 현실이다. 주위의 반응을 살피지 않고 무조건 빨리 말하는 '이기적인 talker'가 대다수다.

상대방이 말하는 내용을 이해하지 못할 경우, 속도를 늦추는 배려가 필요하다. 상대방의 표정이나 목소리에 맞추어 대화를 조절할 줄 알아야 원활한 대화가 진행된다. 상대방이 자신의 목소리에 귀를 기울이고 있다면, 빨리 말해서 상대의 주의를 사로잡는 것이 좋다. 쉼표나 마침표에서 짧게 호흡하면 이야기는 더 부드럽게 나온다.

처음부터 대화를 나누기 힘들다면 어떻게 하냐고? 'small talk'라고 들어본 적이 있는지. 상대방의 긴장감을 없애기 위해 분위기를 부드럽게 해주는 말이다.

처음 시작할 때 칭찬을 활용하는 것을 적극 권장한다. 칭찬에 얼굴을 찌푸리는 이는 없다. 뻔히 보이는 말이라도 기분 좋은 것이 사실이다. '칭찬은 고래도 춤추게 한다'는 말은 괜히 있는 말이 아니다. 그 육중한 몸집의 고래도 춤을 춘다는데 한낱 사람이 춤을 못 출까.

공감대 형성도 좋은 방법이다. 뭐니 뭐니 해도 남 욕을 함께 할 때 가장 친해진다. 코드를 맞추어 함께 이야기한다는 것은 굉장한 효과를 불러일으키기 때문이다.

 현대 사회에서 대화는 기술이다. 대화 하나로 이미지가 결정된다. 대화법에 관한 책이 많은 것도 그런 이유에서다.

# 보디 존<sup>body zone</sup>이 뭐야?

C양은 직장 상사 때문에 스트레스를 받고 있다. 상사는 그녀가 업무를 보고 있으면 아무 기척 없이 다가와 그녀의 옆에 바싹 붙어 선다. 상사가 그녀에게 음담패설이나 성희롱을 하는 것도 아니다. 그는 그저 그녀의 옆에 서서 업무 이야기만 하고 사라질 뿐이다.

그녀가 스트레스를 받는 이유는 무엇일까. 자신의 '영역'을 침범 받았기 때문이다. 동물도 아닌데 웬 영역이냐고? 동물의 세계에서만 영역 다툼이 있는 것이 아니다. 인간도 자신의 영역을 지키고 싶어 하는 습성이 있다. 이런 인간의 영역을 '보디 존<sup>Body Zone</sup>'이라고 한다.

문화인류학자인 에드워드 홀<sup>Edward T. Hall</sup>은 이러한 보디 존을 근접공간, 개인공간, 사회공간, 공공공간 등의 4개로 분류했다. 근접공간이란 40~50센티미터로, 가족이나 연인, 친구 같은 경계심이 없는 가까운 사람들과 대화를 할 때 설정되는 공간이다. 개인공간이란 50~120센티미터 정도이며, 이 안에서는 진지한 대화가 이루어진다. 사회공간이란 2.7~3.6미터로, 업무적인 일들이 일어난다. 마지막 공공공간이란 3.6미터 이상으로 강연이나 연설이 속한다.

보디 존은 상대와의 친밀도나 현재의 심리상태에 따라 늘어나거나 줄어든다. 친한 사람과 만날 때는 보디 존이 줄어들고, 어려운 상대와 있는 자리라면 늘어나게 된다.

시선을 버스나 지하철로 가져가 보자. 승객이 몇 없는 버스나 지하철을 탔을 때, 사람들은 다른 사람 가까이 가서 앉기보다는 타인과 일정한 거리를 두고 앉는다. 이러한 행동은 모두 무의식적으로 일어나는 것이다.

흔히 볼 수 있는 '쩍벌남<sup>다리를 쩍 벌리고 앉는 남성</sup>'을 예로 들어보겠다. 그들은 옆에 앉거나 앞에 있는 사람은 안중에도 없다는 듯이 마음 놓고 다리를 벌리고 있는 바람에 특히 여성들은 여간 곤혹스러운 게 아니다. 어쩌다 다리가 닿으면 뜨뜻한 살갗마저 느껴져 불쾌감이 더

하다. 앞쪽에 있어도 안심할 건 못된다. 당최 눈을 어디에 둬야 할지 팔자에도 없는 눈 운동을 하기 바쁘다.

심리전문가들은 그것이 '남자다움의 과시'에 있다고 이야기한다. 남성들은 모르는 사람과 첫 대면을 할 때 다리를 넓게 벌리고 앉음으로써 자신의 '보디 존$^{body\ zone}$'을 확보한다. 넓은 보디 존은 강한 남성의 상징이라는 것.

하지만 강한 남성보다 더 절실한 것은 공공장소에서 다른 사람을 생각하는 당연한 배려다.

이 세상에는 적당한 거리의 법칙이 있다. 누구에게나 은밀한 영역은 있기 마련이다. 제외당하고 싶지 않다면, 상대방의 영역쯤은 지켜주는 것이 좋다.

# 그 사람의 아이덴티티<sup>identity</sup>

그런 얘기를 들은 적이 있다. 이성을 유혹하는 방법에 관한 것이었
는데, 도서관에 오는 이성의 자리에 몰래 음료수를 하나씩 놓아두는
것이다. 하루, 이틀, 사흘…. 그렇게 여러 날이 지나면 그 사람은 자연
스레 자신의 자리에 음료수를 놓아두는 사람에 대해 호기심이 생긴
다. 그렇게 궁금증을 한참 키우다 짠! 하고 나타나면 성공할 확률이
굉장히 높다는 것.

이처럼 접촉 빈도가 높을수록 호감을 느끼게 되는 것을 '숙지성熟知

性의 원리'라고 말한다. 점점 그 사람의 몸짓과 행동이 낯익게 되면서 그 사람을 이해하는 쪽으로 보게 된다는 것이다.

1968년도, 심리학자 제이욘스^Zajonc는 매일 대학신문 귀퉁이에 대다수의 학생들이 뜻을 모르는 한자를 크게 실었다. 이 실험은 두 달에 걸쳐 시행되었는데, 어떤 한자는 한 번, 어떤 한자는 두 번씩 보여주는 방식으로 한자에 대한 노출 빈도를 달리했다. 그 후 학생들을 무작위로 선출하여 각 한자를 보여준 다음, 한자의 느낌을 물어봤다. 학생들은 그 한자를 모르는 상황이었기 때문에 순전히 짐작으로만 대답해야 했다. 학생들이 좋은 의미를 가진다고 가장 많이 선택한 한자가 신문에 제일 많이 노출된 한자였다. 실험에 참가한 학생들은 의미를 모르는 데도 자주 접했던 한자를 은연중에 선호하고 있었던 것이다.

이 실험은 내가 들었던 이야기와 아주 흡사하다. 사람의 호감을 사기 위해서는 우선 상대방에게 자신을 인지시키고 호감을 느끼게 해야 한다는 이야기다.

여기서 가장 중요한 것이 '이름'이다. 이름은 상대방에게 자신을 인지시킬 수 있는 가장 '기초'적이자 '중요'한 방법이다.

늘 가는 병원에 진찰을 받으러 간다. 의사가 진찰을 하며 당신의 이름을 부르며 'OO 씨, 오늘 몸은 어때요?' 하고 묻는 것과 '선생님^또는 호칭을 생략한다', 오늘 몸은 어때요?' 하고 묻는 것 중 어느 쪽이 더 친근감이 느껴지는가.

이름은 그 사람의 아이덴티티다. 단순한 글자나 호칭이 아니라 정체성이란 뜻이다. 여러 번 보았는데도 상대가 자신의 이름을 가물가물한다면 기분이 좋지 않다. 이름이 잘못 불리면 마음이 상하는 것은 어쩔 수 없다. 특히 공식적인 자리나 업무적인 자리에서는 그것이 더하다. 마음이 상하는 개인적인 감정에서 시작되어 '저 사람은 사람 이름 하나 제대로 못 외우면서 무슨 일을 한다고' 하는 상대의 평가까지 이어지는 경우도 많다.

풀 네임을 정확하게 외워두고 의식적으로라도 자주 부르자. 이야기 중간에 '당신'이라는, 누구나 하는 호칭은 잊어버려야 한다.

프랑스의 황제 나폴레옹은 군사들의 사기를 높이기 위해서 병사들의 이름을 모두 외웠다. 자신을 만나러 오는 병사에게 이름을 불러주었던 것이다. 황제가 한낱 병사의 이름을 알고 있다는 사실은 병사들에게 엄청난 사기를 불러일으켰다.

지금 현재 대기업으로 손꼽히는 어느 기업의 회장 이야기다. 대기업이 되기 전, 중소기업의 사장이었던 그는 자신의 직원들의 신상정보를 모두 외웠다. 고위 간부들에서부터 말단 직원까지. 하루는 사장이 지나간다고 고개를 꾸벅 숙이고 있던 말단 직원이 "부인 몸은 이제 괜찮냐"는 사장의 말에 깜짝 놀랐다는 것이다. 그 기업이 성공한 것은 그 세심한 배려 때문이 아니었을까.

세상은 혼자 살아가는 것이 아니다. 싫든 좋든 늘 사람들과 부딪히며 살아간다. 대화를 하며 자연스럽게 상대의 이름을 넣어보자. 훨씬 부드러운 대화가 만들어질 것이다. 이름을 부른다는 것, 그 효과는 당신의 상상을 뛰어 넘는다.

# 당신의 사과 하나, 독심술을 믿지 말 것

당신은 살면서 얼마나 사과를 자주 하는가. 내가 이야기하려는 것은 살면서 할 수 있는 잘못이나 실수에 대한 이야기가 아니다. 그것에 대해 가지는 태도에 관한 것이다.

살다보면 누구든 실수를 할 수 있다. 그것은 나이와는 관계없다. 잘못은, 완벽하지 않은 인간이기에 할 수 있는 당연한 것이다. 문제는 그 다음이다. 사과는 자신의 잘못을 인정하는 것이기 때문에 쉽지 않다. 내가 만난 어떤 여성은 자신의 잘못을 인정하지 않는다. 성격이

겠거니 하고 여기는 것도 한두 번이다. 그녀는 자신의 실수에 대해 그저 외면할 뿐이다. 친한 사이일수록 더욱 필요한 것이 감정 표현이라고 말하는 내 말에 그녀는 대꾸했다.

"친한 사이기 때문에 말하지 않아도 마음을 이해해 주어야 하는 것 아닌가요?"

당신의 지인이 모두 독심술에 능통하다면 가능하다. 내 주위에는 아쉽게도 그런 사람이 없다. 말과 글은 자신의 감정을 표현하기에 가장 적합한 수단이다. 서로 속내를 잘 아는 가까운 사이라고 해도 대충 넘어가게 되면 감정의 골은 더 깊어지기 마련이다. 가까운 사람일수록 소중하게 대해야 하는 것은 인간관계의 기본인 것이다.

우선 자신의 잘못이 무엇인지를 확실히 알아야 한다. 당신이 생각할 때 별것 아닌 일이라 하더라도 상대방이 화를 내는 것에는 분명 '이유'가 있다. 상대방의 기분이 좋지 않다고 해서 무조건적으로 사과부터 하는 것은 오히려 상대의 기분을 더 상하게 한다. 사과하기 이전에 자신의 잘못을 알고 인정하는 것은 당연하다. 사과라는 말 자체에 자신의 잘못을 인정한다는 의미가 들어 있으니까.

자신의 잘못이 무엇인지 알았다면 일단 직접 만나라. 당연히 분위기는 어색할 것이고 쭈뼛거리게 될 것이다. 하지만 당신의 진심을 전하기 위해서는 만나는 것이 우선이다. 대화를 나눌 때는 말이 전부가 아니다.

만나기가 정 어렵다면 상대에게 용서를 구하는 편지를 쓰는 것도 좋다. '글'이라는 것은 말보다 더 신중하고 효율적이다. 고칠 수 있다는 강점을 가지고 있기 때문이다. 하지만 글이라고 해서 다 같은 글이 아니다. 문자 메시지는 일방적이기 때문에 성의가 없어 보이고 의사 전달 중 오해가 생길 수 있다.

이런 예를 들어보자. P양은 연인과 자주 다툰다. 그녀는 나에게 연인의 태도가 마음에 들지 않는다고 이야기했다. 싸움의 원인이 무엇이 됐든 그 후의 행동이 맘에 들지 않는다고.

"원래 뭐든 손뼉이 마주쳐야 일어나는 거잖아. 나에게도 분명 잘못이 있다는 것은 알아. 하지만 그이는 자신의 잘못을 인정하는 법이 없어. 그이는 항상 뒤에 '그런데'를 붙여."

P양의 연인처럼 말하는 이는 생각보다 많다. '미안해. 그런데 난 네 행동이 맘에 들지 않았어' '내가 잘못한 건 알아. 하지만 너 역시 그건 문제잖아' 하는 식의 말들이다.

사과를 하려고 했다는 것은 자신의 잘못을 관대히 질책당할 준비가 되어 있다는 의미다. 미안한 것은 미안한 것이다. 상대가 어떤 행동을 했건 자신이 미안한 행동을 했다는 것은 변하지 않는다. 상대방의 말에 대해 따지듯이 반박하는 것은 돌이킬 수 없는 역효과를 불러

올 수 있다. 사과를 했다면 상대방의 이야기를 들어라.

당신의 사과에 상대방은 당연히 자신의 서운했던 점을 이야기 할 것이다. 그 말을 흘려듣거나 무시하지 마라. 상대방은 그렇게 감정을 털어놓음으로써 화를 삭이는 것이다. 그것은 상대방이 당신의 사과를 무시하지 않고 받아들였다는 의미다.

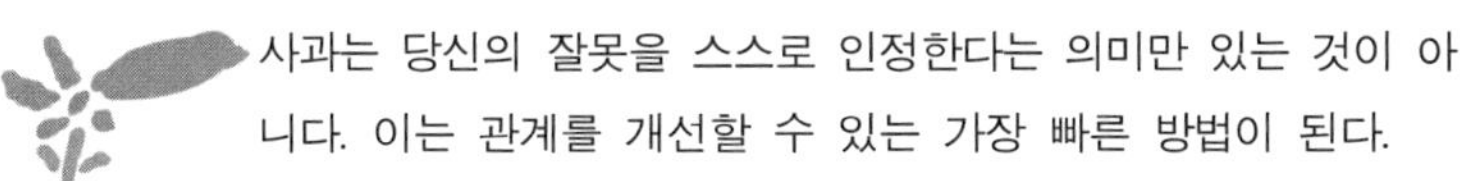 사과는 당신의 잘못을 스스로 인정한다는 의미만 있는 것이 아니다. 이는 관계를 개선할 수 있는 가장 빠른 방법이 된다.

# 당신의 사과 둘, 센스는 필수

어떤 이는 나에게 이렇게 물은 적이 있다. 미안하다고 이야기를 해도 상대방이 들으려 하지 않는 경우에는 어떻게 하냐고 이때 필요한 것이 한 가지 있다. 그것은 다름 아닌 '센스'.

'센스'는 생활의 많은 곳에서 능력을 발휘한다. 사과를 하는데 왜 센스가 필요하냐고 묻는 이를 위해 한 가지 예를 들어보겠다.

누군가가 화가 잔뜩 나 있는 상태다. 그가 화가 난 이유는 당신의 어떤 행동 때문이다. 당신은 그가 당신 때문에 기분이 상했다는 것을 알고 있다. 이때, 당신의 행동은 어떠할 것인가.

이런 사람을 본 적이 있다. 그는 자신의 동료가 화가 잔뜩 나 있는데 분위기를 푼답시고 눈치 없이 농담을 던졌다. 사적인 이야기를 할 정도로 친분이 있었던 사이였기 때문에 그는 평소에 하듯 장난스레 동료의 앞을 기웃거리며 실없이 헤실거렸다. 동료는 그런 그의 태도에 더욱 큰 화를 냈다.

상대방이 화가 풀리지 않은 상태라면, 상한 감정을 풀어줄 만한 말들을 적절히 골라 사용할 줄 아는 센스가 필요하다. 화가 난 상태에서 실없는 농담을 일일이 받아줄 정도로 맘이 넓은 사람은 세상에 없다. 그것은 상대의 기분을 풀어주려는 배려가 아니라 작정하고 약 올리자는 것이다.

그리고 중요한 것이 타이밍이다. 타이밍은 매우 중요하다. 사과는 가급적 빨리 하는 것이 좋지만 너무 빠르면 오히려 진심이 없어 보이고 가벼워 보인다. 너무 느린 사과 역시 역효과를 불러일으킨다. 어느 정도 그 사람의 감정이 가라앉았을 때쯤 사과를 하는 것이 훨씬 효과적이다. 그 정도는 자신의 센스로 파악해야 한다.

마지막으로 기억해야 할 것은 지나치지 않은 사과를 할 것. 과유불급過猶不及이라고 했다. 지나친 것은 모자람만 못하다. 상대방이 사과를 받아들이고 용서하면 그 일은 일단락 된 것이다. 마음을 놓아라. 설레

발을 쳐 상대의 기분을 나쁘게 할 필요는 없다. 전혀 화가 나지 않은 사람도 계속 미안하다는 말을 하면 오히려 화를 낸다. 듣기 좋은 칭찬도 반복되면 질리는 법.

만약, 사과하는 데 뭐가 이렇게 복잡하냐고 묻는 사람이 있다면 나는 대답한다. 당신이 한 번이라도 잘못을 저지르지 않고 살 수 있는 사람이라면, 이따위 것들은 모두 젖혀 버려도 상관없다고.

# 당신의 매너는 안녕하십니까?

매우 고상한 분들이 모인 호텔에서의 일이다. 원형의 식탁에 서양식 식사가 준비되었는데, 어떤 사람이 자신의 오른쪽에 있는 빵을 집어먹었다. 옆 사람은 자연히 당황해 어쩔 줄 몰랐다. 그럴 수밖에. 빵은 좌측의 것, 물이나 와인은 우측의 것이 내 것이라는 매너를 지키지 않았으니까.

모른다는 변명을 마음 좋게 이해할 정도로 사람들은 너그럽지 않다. 특히 비즈니스 자리라면 그것은 더욱 엄격하게 지켜져야 한다.

매너는 원칙이 아니라 '마음'이다. 그 자리에 오는 정도라면 그곳에서 지켜야 하는 매너가 어떤 것인지는 미리 숙지하고 와야 했다는 이야기다.

생활에서 말과 행동, 즉 매너 때문에 발생하는 황당한 사례는 적지 않다. 매너는 정해져 있는 것이 아니다. 그리고 그것을 지키지 않는다고 해서 어떤 직접적인 벌을 받는 것도 아니다. 하지만 그 사소함 때문에 관계가 소원해지게 된다는 것이 문제다.

원고의 마감 작업 때문에 밤을 새고 집으로 가는 길이었다. 굉장히 피곤함에 눈을 감고 있었는데 옆에 앉은 동료가 계속 이야기를 건넸다. 별로 친하지 않은 사람이었기에 고개를 주억거리며 이야기를 들어주었지만, 한숨이 절로 나왔다. 그에게 어떤 잘못이 있다는 이야기는 아니다. 어색하지 않게 분위기를 푸는 노력은 눈물겹도록 고마웠지만, 아쉽게도 그는 센스가 없었다. 매너의 핵심은 상대방의 마음을 편안하게 해주는 것이라는 뜻이다.

매너는 상대에게 맞춰주는 양보와 배려가 필요하다. 상대방의 입장에서 생각하고 이해하면 당신의 매너는 합격점이라 볼 수 있다. 자신만 좋으면 된다는 식의 매너 없는 행동을 좋아하는 사람은 아무도 없다.

이런 이야기가 있다. 상사가 직원들에게 한 턱 내겠다고 했다. 부하들이 메뉴를 무엇으로 할지를 물어보자, 상사는 먹고 싶고 좋은 것으로 고르라고 했다. 거기까지는 좋았다. 하지만 문제는 순진한 부하 직원들이 그 말을 믿고 1인당 10만 원씩이나 하는 고급식당으로 장소를 정했다는 것. 상사의 속이 뒤집어졌음은 두말할 필요가 없다. '아주 잘했어'라는 말과는 다르게 그 곳으로 결정한 그 '녀석'은 괘씸죄로 그 후 결정타를 맞고 말았단다.

'깨진 유리창 법칙broken window theory'이란 말을 들어본 적이 있는가? '깨진 유리창 법칙'이란 사소한 실수가 치명적인 결과를 초래한다는 뜻이다. 어느 CF에서도 말했지 않은가. 작은 차이가 명품을 만듭니다, 라고.

 매너는 입에 발린 말로 상대방의 비위를 맞추는 거짓말이 아니다. 상대에 대한 배려와 존중을 통해 부드러운 관계를 만들어 내는 매개체다. 부드러움은 강함을 이긴다.

# 긴 머리 긴 치마를 입은…♫

가수 김건모 씨의 노래 '첫인상'을 기억하는지? 첫인상에서 편안함을 느낀 여인과 사랑에 빠진다는 가사의 노래였던 것 같다.

사람과 사람의 만남에서 '첫인상'은 가장 중요한 역할을 한다고 해도 과언이 아니다. 그 첫인상으로 상대방은 당신이라는 사람 자체를 판단하기도 한다.

상대방을 처음 만났을 때 느끼는 모습을 '초두효과'라고 하는데, 이 중 가장 대표적인 것이 '후광효과[halo]'이다. 첫인상 하나로 다른 특성들까지 좋게 평가가 되는 것이다.

이렇게 중요한 첫인상은 6초 이내에 80퍼센트 이상 결정된다. 그런 탓일까, 취업난 호황을 누리는 업종이 있었으니 그것은 성형이다.

하지만 첫인상이란 단지 외모의 미추에 의해 결정되는 것이 아니다. 분위기나 말투, 표정 등이 두루 작용하는 것이다. 요즘 말로 하면 얼짱 미남·미녀보다는 훈남·훈녀가 인기 있다는 것.

링컨의 예를 들어보자. 지금 우리가 보는 링컨의 초상화는 그나마 중후한 남자로 그를 보여주고 있지만, 당시의 각색되지 않은 실제 사진들을 보면 누가 봐도 추남이라고 고개를 저을 수밖에 없다.

링컨은 바짓단이 정강이에 겨우 걸쳐 있을 정도로 키가 컸다. 2미터가 넘는 키였지만 지독하게 못생긴데다 말라깽이로, 한마디로 세련되지 못한 외모를 지니고 있었다. 누가 봐도 시골 촌놈으로 보았기에, 별명이 '장작 패는 놈railsplitter'이라 불릴 정도였다.

그런 그가 모든 이들을 사로잡는 대통령이 된 것은 대중을 사로잡는 화술 덕분이었다. 앞에서 이야기의 중요성을 얘기한 바 있지만, 대화는 자신의 이미지를 올리는 데 한몫 단단히 하는 효자다.

링컨이 대통령으로 당선되어 나라 일을 돌볼 때의 일이다. 그가 의회에서 한 위원으로부터 심한 질책을 받고 있었다.

"당신은 두 개의 얼굴을 가진 이중인격자요. 아시겠소?"

그러자 링컨은 억울하다는 표정으로 말문을 열었다.

"거참! 내가 두 개의 얼굴을 가지고 있다면, 이렇게 중요한 자리에 왜 이 얼굴을 가지고 나왔겠습니까?"

링컨의 한 마디에 의회 안은 순식간에 웃음바다로 변했다. 그 의원은 더 이상 링컨을 다그치지 못하고 슬그머니 자리에 앉아야 했다.

자신의 외모를 위트로 사용하는 기지까지 발하는 유머를 천연덕스럽게 할 수 있다는 것. 대단하지 않은가? 링컨은 자신의 외모를 원망하고 슬퍼하는 대신, 그 외모를 더욱 적극 활용하는 방법을 취했다.

외모는 당신이 생각하는 것보다 훨씬 효과적인 강점이 된다. 지난 2005년, 미국의 성 안셀름 대학에서 모의실험이 이루어졌다. 평범한 여성과 아름다운 여성이 법정에서 배심원들의 판정을 받는 실험이었다. 놀랍게도 같은 범죄를 지었지만, 아름답게 꾸민 여성의 형량이 그렇지 않은 여성의 형량보다 3년이나 낮다는 결과가 나왔다.

미국의 심리학자 A. 토도로프 역시 2004년 이후 당선된 주지사나 의원들의 사진과 경쟁자의 사진을 보여주며 유능해 보이는 인물을 뽑아 통계를 냈다. 이 통계와 실제 당선된 인물을 확인한 결과 약 70퍼센트의 일치 율을 보였다. 즉, 단 한순간 인상을 보고 고른 인물이 당선이 되었다는 것이다.

누구나 단점이 있다. 하지만 그 단점을 자신의 장점으로 승화시키는 노력을 가지고 있는 사람은 몇 되지 않는다. 많은 기업에서 자기 소개서를 볼 때 단점을 꼼꼼히 체크하는 이유도 여기에 있지 않을까. 자신의 단점에 대해 용기 있게 당당해질 수 있는 자가 더 성장하기 때문이다.

단순히 얼굴만을 이야기하는 것이 아니다. 첫인상에는 신체나 패션, 목소리, 말투 등 모든 것이 포함된다. 당신이 싫든 좋든, 스스로 만드는 첫인상이 실력인 시대가 되었다.

# 당신의 패션은 몇 점?

    때와 장소에 맞춰 옷을 차려 입는 센스는 무시하면 안 되는 요소다. 상황에 맞는 옷차림은 사람을 판단하는 데 중요한 역할을 하기 때문이다. 사람들은 누군가에 대해 이야기할 때 겉모습이 중요하지 않다고 이야기를 하지만, 그것은 서로 잘 알거나 그럴 만한 상황이라는 것을 이해할 수 있을 때 하는 말이다.

    첫인상의 90퍼센트 이상은 외모가 결정한다. 그리고 그 외모 중 가장 먼저 눈에 들어오는 것이 옷차림이다. 옷차림은 나의 첫인상을 상대방에게 각인시키는 효과적인 수단이다. 옷차림은 자신의 가치를 높일 수도, 추락시킬 수도 있다.

어느 유명 연예인의 장례식에 어떤 이가 조문을 왔다. 그 분야에서 인지도가 있던 그녀의 옷차림은 밝은 주황색 톤이었다. 이러한 그녀의 사진이 보도되자, 누리꾼들의 술렁임이 커졌다. 그녀의 옷은 사회적 관례에 비추어 봤을 때, 장소와 너무도 어울리지 않은 색상이었던 것이다.

장례식은 결혼식과 더불어 경조사 중에서도 가장 예의를 갖추고, 특히 옷차림에도 신경 쓰고 가야 하는 곳이다. 그것은 사회적 관례이자, 고인과 그 가족들에 대한 기본적인 예의이기 때문이다. 장례식에서는 보통 검정색 정장을 입어야 하는데, 이는 서양의 장례 풍습의 영향을 받은 것으로 사료된다. 서양에서는 검정색이 죽음을 뜻하는 색이고, 서양의 장례식에도 보통 검정색 정장을 입고 참석하기 때문이다.

물론, 그를 비난하려는 것은 아니다. 그에게 어떤 사정이 있었을는지 모르는 일이니까. 하지만 상황을 모르는 우리가 보았을 때 어떤가, 그의 패션은.

성공한 사람들을 보면 옷차림에 많은 신경을 쓴다. 무조건 비싼 옷을 고집하라는 뜻이 아니다. 그들은 상대방에게 자신의 이미지를 알맞게 심어주기 위해 노력을 한다. 자신에게 어울리는 세련된 옷차림을 하는 것이다.

가장 먼저 고려해야 할 것은 때와 장소에 맞는 옷차림이다. 그 자리가 비즈니스라면 무게를 느끼게 하는 짙은 색 계통의 보수적인 스타일을 입는다. 프레젠테이션을 할 때는 튀는 옷차림이나 연단과 비슷한 색상은 피해야 한다.

여성들이 직장생활에서 가장 싫어하는 일 중 하나로 꼽는 것이 바로 '접대'다. 어떤 회사는 여성이 접대 자리에서 남자들 사이사이에 끼어 앉도록 강요를 하기도 한다고. 흔하지는 않지만 취기에 성희롱을 당하는 경우까지 있다고 한다. 하지만 이 술자리에서도 패션은 효과적인 수단이 된다.

접대가 있는 날에는 노출이 심한 옷이나 요란한 옷은 삼가야 한다. 상대가 당신의 벽을 쉽게 보지 못하도록 단정한 옷을 입는 것이 좋다. 여성으로 보이려는 생각은 버리고 중성적인 성을 가졌다고 생각해야 한다. 클래식한 옷을 입고 매너 있게 행동하며 정도를 지켜라. 옷차림에서부터 느껴지는 그 분위기는 상대로 하여금 당신을 어렵게 만든다.

때와 장소에 맞게 옷을 골랐다면 자신에게 어울리는 옷을 입는 것이 좋다. 유행을 좇거나 패션모델을 따라 했다간 낭패를 보기 십상이다. 체구가 큰 사람은 어두운 색상의 옷을 피하는 것이 좋고, 배 나온 사람이라면 꽉 조이는 바지를 입거나 배꼽 위까지 치켜 입는 것은 금물이다. 바지나 재킷은 항상 단정해야 한다. 구겨져 있다면 게으르거나 긴장감이 없는 사람으로 보인다. 눈에 잘 띄지 않는 구두도 신경 쓸 것. 여성의 경우라면 구두 굽의 못이 절대 나오지 않도록 신경 쓴다. 구두가 지저분하고 굽의 마모가 심하면 일이 잘 안 풀리는 사람으로 각인 될 수 있다.

 '옷이 날개'란 말이 있다. 당신이 상대에게 멋진 사람으로 기억되고 싶다면, 패션에 대해 조금 더 신경 써라.

# 잘난 척하면 왕따 된다?

그런 말을 들은 적이 있다. 대한민국에서는 아는 것을 설명하거나
이야기하면 '잘난 척'이 되어 소위 말하는 왕따가 되어 버린단다. 서
글프기 짝이 없다. 잘났음에도 잘난 것을 숨겨야 하는 사회는….

한참 취업난에 허덕이던 때가 있었다. 학벌도, 경력도 없는 내가
택한 직업은 기자였다. 신문방송학과를 나온 것도 아니면서 난 떳떳
하게 이력서를 냈고 면접을 봤다. 그 날, 내가 선택한 카드는 '잘난
척'이었다.

아는 것은 무조건 읊조렸다. 잘하는 것, 할 수 있는 것, 내 능력이 허락하는 모든 것을 떠벌렸다. 당당하게, 그렇지만 건방지지 않게. 그리고 일주일 후, 연락이 왔다. 다음 주부터 바로 출근하라고

요즘, 대부분의 기업들에서는 면접에서 자기소개를 하라고 요구한다. 그 시간이 몇 분이건, 지원자는 그 시간 내 효과적으로 자신을 전달해야 한다. 자기 PR이라는 게 무엇인가. 그것은 결국 네가 얼마나 잘났는지 얘기해 봐라, 하는 것이다. 실제로 그 PR은 면접에서 70퍼센트 이상을 차지해, 합격 여부까지 결정한다. 자신의 잘난 부분을 얼마나 포장을 잘 하느냐가 판단의 기준이 되는 것이다.

잘난 척을 하기 위해서는 자신감이 필요하다. 자신감은 남이 만들어주는 것이 아니다. 자신감은 자신이 자신을 믿는 것이다. 학력이 높고 부잣집에서 태어나야만 자신감이 있는 것이 아니다.

매우 가난한 가정에서 태어난 아이가 있었다. 생후 육주 만에 입양된 아이는 학교를 다니게 되지만, 곧 학습장애가 있다는 것이 밝혀진다. 열등생으로 낙인찍힌 아이는 오랜 세월 동안 자기 계발 노력을 계속하게 된다.

이 학습장애 아동이 바로 '레스 브라운'이다. 그는 포춘 500대 기업의 사람들과 커뮤니케이션을 하고 그들을 위해 전국적으로 세미나를 개최하는 성공한 사람이다. 그가 쉽게, 아무 노력 없이 백만장자의

대열에 들어섰다고 생각하는가. 그는 이야기한다. 이제까지 가장 쉬웠던 일은 백만 달러를 버는 것이었지만, 자신이 백만 달러를 벌 수 있다고 믿기가 가장 힘들었다고

남들은 나를 절대 알 수 없다. 살을 섞고 사는 부부도, 이 세상에 태어나게 해주신 부모님도, 목숨을 걸 만큼의 우정을 가진 친구도 자신을 가장 잘 아는 이는 자신이다. 가감 없이 자신을 판단할 수 있는 이는 나밖에 없다.

예전에 유행했던 가요 중에 그런 노래가 있다. "난 너무 예뻐요, 난 너무 매력 있어, 난 너무 멋져." 잘난 척을 하면 왕따가 된다고? 웃기는 소리다. 가만히 있으면 누가 알아준단 말인지…. 자신의 가치는 자신이 만든다.

 잘났으면 잘난 척을 해라. 단, 적절한 분위기를 맞추는 센스는 옵션으로 모셔두어야 할 것.

# 따질 건 따져라

나는 내가 할 말을 잘 하지 못하는 편이었다. 내 앞가림도 못하는 주제에 쓸데없는 오지랖만 넓어 다른 사람을 배려한답시고 손해보고 혼자 끙끙 앓는 타입이랄까. 늘 혼자 스트레스를 받고 머리를 쥐어짠다. 그것이 몇 년 전까지의 내 모습이다.

그저 사람의 마음이 상하지나 않을까, 괜히 나쁜 평을 듣게 되지나 않을까. 웃기게도 그건 비단 나뿐만이 아니었다. 누군가의 부탁을 울며 겨자 먹기로 들어주는 사람이 생각보다 많다.

하지만 주위를 둘러보면 신기한 캐릭터들이 꼭 있다. 당당하고 할 말 똑바로 하면서도 미움 받지 않는 그런 사람들.

당신과 그 사람이 다른 것이 아니다. 그것은 방법의 차이다. 어영부영 거절하면 상대방은 기분 상해한다. 상대방의 기분을 살피며 거절하는 것이 오히려 역효과를 일으키는 것이다. 그러나 거절은 마음 편히 말하기 쉽지 않다. 어떻게 하면 아무 부담없이 'No'라고 말할 수 있을까.

거절을 할 때는 상대가 부담을 느끼도록 한다. 자신의 의사표현을 정확히, 정중히 요구한다. 그렇다고 불편이나 부담을 줘서는 안 된다. 가벼운 이미지를 주지 말라는 뜻이다. 웃는 얼굴로 친절하게 이야기하라. 일정이나 약속을 명확히 해야 한다.

마음에 안 드는 것이 있을 때도 마찬가지다. 정중히 말하라. '죄송합니다만….' 얼굴을 붉힐 필요도, 민망함을 느끼고 장황하게 변명을 늘어놓을 필요도 없다. 요점만 간단히 말하면 된다. 당신이 스트레스를 받는다면 절대 속 끓이지 마라. 상대는 바보가 아니다. 당신의 정중하고도 단호한 말에 고개를 끄덕일 것이다. 합리적인 말을 따질 만큼 사람들은 뻔뻔하지 못하다. 약 오르거나 흥분하지 마라. 당신의 몫만 챙기면 된다.

내가 아는 친구는 옷을 사러 가서도 점원의 눈치를 본다. 당연히 옷을 입어보는 데도 소극적이다. 디스플레이라도 되어 있던 옷을 입어봤다면 그 옷은 무조건 구입한다. 점원이 귀찮기 때문이란다. 내 돈 내고 내가 사는 물건인데 왜 그렇게 눈치를 봐야 하는 것인지. 안하무인 같은 태도는 곤란하지만, 남의 눈치 때문에 하고 싶은 일을 못하는 건 너무 억울한 인생이지 않은가.

나이를 먹는다는 것은 뻔뻔함이 늘어난다는 것을 의미한다. 살면서 쌓은 경험과 커리어, 연륜은 당신에게 대범함을 선사할 것이다. 그것은 곧 당신의 자신감이다. 당신은 누구보다도 잘난 사람이다.

# 약속, 세상에서 가장 아름다운 실천

톨스토이가 여행길에 올랐을 때의 일이다. 일곱 살 정도의 작은 소녀가 엄마의 옷깃을 잡아끄는 것이 보였다. 아이는 엄마에게 무슨 말을 하며 한참 때를 쓰더니 급기야 울음을 터트렸다. 무슨 일인고 하니, 그의 허리에 있는 백합꽃 수가 놓인 가방을 갖고 싶다는 거였다. 톨스토이는 소녀에게 다가갔다.

"애야, 힘들겠지만 내일까지 기다리렴. 그땐 틀림없이 네게 이 가방을 선물하마."

소녀는 금방 울음을 그쳤고 약속에 대한 기대감으로 뺨이 발갛게 물들었다. 사실 톨스토이에게 그 가방은 매우 소중한 친지의 유품이었다.

다음날 저녁, 톨스토이는 약속을 지키기 위해 다시 시골길로 돌아와 그 소녀의 집을 찾아갔다. 그런데 소녀의 집에 도착해 보니 방금 장례식을 마치고 돌아온 듯한 사람들의 모습이 여기저기 보였다. 소녀의 어머니에게 물어보니 어제 톨스토이와 헤어지고 집에 돌아온 후 아이가 갑자기 죽었다는 것이다. 톨스토이는 소녀의 어머니에게 묘지까지 안내를 해달라고 부탁했다. 묘지에 도착한 그는 자신이 가지고 온 소중한 가방을 무덤 앞에 바치고 엄숙히 기도했다.

"이젠 그 애가 죽었으니 가방은 필요 없어요. 고맙지만 가지고 가세요."

옆에서 지켜보던 소녀의 어머니가 말했다.

"아뇨, 따님은 죽었지만 나의 약속은 아직 죽지 않았습니다."

톨스토이를 바라보던 어머니의 눈에서 뜨거운 눈물이 흘러내렸다.

다행인지 불행인지 나는 내 주위에서 약속을 100퍼센트 지키는 사람을 보지 못했다. 자신의 입으로 나온 말은 무조건적으로 책임을 지고 이행해야 한다는 가르침 아래 자랐으면서도, 나 역시 내가 내뱉은 모든 말을 책임지지 못하고 있다. 그런데 희한한 것은 약속을 한 상대방 역시 그 약속의 '힘'을 믿지 않는다는 것이다.

우리는 살면서 수많은 약속을 한다. '나중에 식사 한 번 하자.' '한 번 보자.' …. 의식하지 않는 동안 우리는 많은 약속을 내뱉는다. 가볍게 흘러들어 가기 때문에, 혹은 바쁘다는 이유로 당신의 약속은 쉽게 허공 속으로 흩어진다.

약속은 그저 가볍게 내뱉는 '인사치레'가 아니다. 약속은 당신의 신뢰의 척도이다. 당신이라는 사람에 대한 이미지가 그것으로 심어지게 된다. 중요한 것은 약속을 했다는 '사실'이지, 약속을 지켜야 할 '이유'는 아니다. 이유가 사라져도 약속은 남아 있다.

'약속을 지키는 최선의 방법은 약속을 하지 않는 것'이라는 말이 있다. 그만큼 약속을 지키기가 어렵다는 것이다. 따라서 우리는 약속을 하는데 조금 더 신중해질 필요성이 있다. 당신이 모르는 사이에 주위 사람들에게 신용불량이 될 수도 있는 노릇이다.

 '약속', 우리에게 익숙한 이 단어는 참으로 큰 힘을 가지고 있다. 하지만 '약속'의 숨겨진 의미를 찾기란 쉽지 않다. '약속'은 실천함으로써 의미를 가지게 된다. 스스로에게 물어 보라. 평생을 통해 실천할 '약속'이 있는가? 없다면 오늘 당장 당신의 인생과 '약속'하라.

# 손에 손잡고~

악수握手는 세계에서 가장 보편적인 인사법이다. 그것은 두 사람이 손을 맞잡고, 이후 맞잡은 손을 위아래로 흔드는 의식적인 행위다. 이 행위는 중세 유럽의 앵글로색슨계 남성들이 우호 관계를 맺고자 할 때 공격하지 않겠다는 뜻으로 오른손을 내민 것에서 비롯되었다. 그래서 악수를 할 때는 오른손으로 하는 것이 기본 예의다.

악수는 그 기원에서 알 수 있듯이 호의를 전달하기 위한 것이다. 선거에 출마한 후보자는 유권자와 그저 무턱대고 악수를 한다. 그는 그것이 한 표와 연결될 것이라고 굳게 믿고 있다. 악수의 효과가 크다는 것이 믿겨지지 않는가? 그럼 예를 하나 들어보겠다.

미국에서 실시한 한 연구에서는 A라는 동일 인물을 세 가지의 방법으로 다른 사람과 대면시켜 A에 대한 인상을 평가하게 하였다. 첫째 조건은, A는 눈을 가린 채 말을 하지 않고 악수만 하는 것이다. 그랬더니 A는 따뜻하고, 신뢰할 수 있고, 어른답고, 감각이 예민하다는 등으로 평가되었다. 둘째 조건은, 말도 악수도 하지 않고 그저 바라보는 것만이었다. 이때의 A는 차갑고, 건방지고, 미덥지 못하다고 평가되었다. 셋째 조건은, 눈을 가린 채 악수는 하지 않고 말만 하였다. 이때의 A는 거리감이 있고, 무감동적이고, 형식적이라고 평가되었다.

이 결과에서 나타난 것처럼 악수와 같은 피부 접촉은 상대에게 따뜻함과 신뢰감을 전하여 준다.

악수는 여성이 남성에게, 윗사람이 아랫사람에게, 기혼자가 미혼자에게 먼저 청하도록 하는 것이 예의다. 상대의 눈을 보면서 손을 팔꿈치 높이만큼 올려서 잠시 상대의 손을 잡았다 놓는다. 손을 흔드는 횟수는 두세 번이 적당하다. 부드러운 미소와 따뜻한 인사말을 함께 하면 친근감이 더해진다.

우리나라에서는 악수를 하면서 허리를 굽혀 인사를 하는 경우가 많은데, 이것은 잘못된 악수 예절이다. 악수와 인사는 별개다. 윗사람에게는 먼저 목례를 한 후 다가가서 악수를 하는 게 예의다. 동양의 절이 존경의 뜻을 전하는 데 의미를 둔다면 서양식 인사는 친근감과 평등의식 공유가 목적이다. 서양인과 악수를 할 때는 허리를 바로 세우고 대등하게 악수를 해야 한다. 서양인과 악수하면서 시선을 돌리면 비굴하거나 떳떳하지 못한 사람으로 오해받을 수 있다.

힘없이 축 늘어진 손으로 악수를 하면 상대방이 무성의하다는 생각을 할 수가 있다. 손가락 끝을 잡거나 스치듯 가볍게 쥐는 것도 실례가 된다. 남자들끼리의 악수일 땐 오히려 적당히 힘을 주는 편이 낫다. 남성이 여성과 악수를 할 때는 힘을 약간 뺀다. 또한 손을 너무 오랫동안 쥐고 있지 않도록 주의한다.

선거에 출마했던 어느 사람은 악수를 함과 동시에 그 사람이 자신을 찍어줄 것인가 아닌가를 구분할 수 있다는 말을 한다. 순간적으로 손을 잡는 것이지만 그 느낌이 고스란히 전달되는 것이 바로 악수이다.

 자신의 감정을 표현하는 것은 어려운 것이 아니다. 하지만 그것을 어떻게 표현하느냐, 하는 것은 아직도 쉽지 않은 일임에 틀림없다.

# 선은 지켜주세요

여러 해 전에 실제로 있었던 일이다. 어느 젊은 남자가 동호회 모임에 참석했다. 그에게는 심한 콤플렉스가 있었는데, 그것은 바로 그가 대머리라는 것이다. 평소 친한 사람들과의 모임이었기 때문에 그것을 모르는 이는 없었다. 웃고 즐기는 가운데, 한 회원이 좌중을 웃기려고 그의 가발을 벗겼다. 순식간에 폭소가 일어났다. 하지만 당사자는 심한 수치심을 느끼고 자리를 박차고 일어났다. 거기서 일이 끝났다면 얼마나 좋았겠느냐마는, 안타깝게도 더 큰 일이 벌어졌다.

집으로 돌아가던 '대머리 총각'이 분을 참지 못하고 다시 돌아와 가발을 벗겼던 회원을 살해하고 만 것이다.

사람들은 '남의 일'에 대해 알고 싶어 한다. 그가 어디 사는지, 그의 나이는 몇 살인지, 고향은 어디인지, 어느 학교를 나왔는지, 결혼은 했는지, 아이는 있는지. 친구를 만나면 그가 누구와 통화를 했는지까지 묻기도 한다. 심지어 알지 못하는 옆 사람의 통화에 귀를 기울이기도 하니 사람들의 호기심과 궁금증이 얼마나 방대한지 짐작할 만하다.

외국인 친구 중 하나가 나에게 진지하게 물어온 적이 있다. 왜 한국 사람은 개인의 사생활을 그리도 궁금해 하냐는 것이다. 그는 자신이 만난 한국인 친구의 이야기를 하며 말한다. 어떻게 '종교'에 대해 물어볼 수 있냐고

외국인이 한국 사람들과 친해지려면 초기에 상당한 스트레스를 받는다. 사생활을 집요하게 파고드는 한국인들의 속성 때문이다. 한국인은 '공동체 의식'을 중요시한다. 우리들은 그런 과정을 통해 친해진다고 믿는다. 그래서 우리는 '우리나라' '우리 집' '우리 학교'가 되는 것이다. 하지만 외국인들은 뭐라고 이야기하는가. 'my country' 'my house' 'my school'이다. 외국인의 눈에는 이런 것들이 모두 매너 없는 행동이 되는 것이다.

한국인의 '공동체 의식'이 나쁘다는 것이 아니다. 개인적으로 나는 '개인'보다 '공동체'가 훨씬 정감 있다고 생각하는 사람이다. 하지만 그것이 '공동체'가 아니라 개인의 '호기심'이 된다면 난 언제든지 발을 뺄 준비가 되어 있다.

하루는 지인과 이야기를 나누던 중 '가족 같은 회사'가 얼마나 스트레스를 주는지에 대한 에피소드가 화제로 떠올랐다. '가족'이라는 단어가 주는 어감은 참으로 다정하고 따뜻하다. 하지만 그 속에 들어있는 지나친 '간섭'은 어떻게 견디란 말인가. 상대는 분명 가족이 아닌데 말이다.

프라이버시privacy란 사적인 공간과 생활의 침범, 신체상의 결함 등 수치스러운 사실의 공개, 대중에게 잘못된 인식이나 오해를 낳게 하는 표현, 성명이나 초상의 영리적 사용을 말한다. 영미법에서 발달한 개념이지만, 최근 한국 법원도 사생활 보호를 폭넓게 인정하고 있다.

누구든 밝히고 싶지 않은 개인사가 있다. 당신에게는 별일 아닌 일도, 그 당사자에겐 감추고 싶은 일일 수 있다. 그 사람이 만약 일로 인정을 받고 승승장구하고 있다 하더라도, 자신의 출신 학교를 스스로가 약점이라고 생각할 수가 있다는 것이다.

'친하니까 그럴 수도 있지'라는 생각은 상대방의 감정을 고려하지 않는 이기적인 합리화다. 감추고 싶은 개인사까지 꼬치꼬치 캐묻는

게 상대방을 이해하는 데 도움이 될지는 모르겠지만 그것을 드러내
고 싶지 않은 상대방의 입장에서는 여간 곤혹스런 일이 아닐 수 없다.

작은 모임에서도 나의 사생활이 공개된다면 부담스러울 것이다.
상대의 숨기고 싶은 비밀 하나쯤은 눈감아 주자. 당신이나 당신
주위 사람이 그 타깃이 될지도 모르는 일이다.

# 새빨간 거짓말!

얼마 전, 버스를 탄 적이 있다. 내 앞에 서 있던 사람이 전화를 받는다. 그는 "지금 oo를 지나고 있으니까 금방 도착할 겁니다" 하고 이야기했다. 하지만 버스는 그가 말했던 곳보다 네 정거장 전의 정류장을 지나고 있었다. 그는 아마 누군가와의 약속에 늦었던 모양이다. 조금만 더 기다리면 도착할 거라는 거짓말을 하는 것을 보면.

거짓말은 어쩔 때는 '선의'라는 이름으로 포장되어 좋은 데 쓰이기도 한다. 예컨대 유대인의 정신문화를 담은 『탈무드』에서도 친구가 이미 구입한 물건에 대해 평가할 때 무조건 '좋다'고 대답하고, 결혼한 친구에게 '부인이 미인이니, 행복하게 살라'는 덕담은 허용되는 거짓말이라고 말하고 있다.

거짓말이 '선의의 거짓말'로서의 역할에만 충실하다면 얼마나 좋을까. 하지만 장점이 있다면 단점도 있다. 동전의 양면이란 의미다.

세상에 거짓말은 참 많다. 정치인도, 공직자도, 언론인도, 과학자도 모두 거짓말을 한다. 그에 비하면 '차가 막혀서 늦었습니다' '몸이 아파서 늦었습니다' 하는 말은 어쩌면 귀엽기까지 하다.

일에 관해서도 거짓말을 많이 한다. 힐 수 없는 일을 할 수 있다고 얘기하기도 하고, 납기일을 맞추기 힘들어도 일을 떠맡는다. 일단 자신의 일거리를 받아놓고 보는 거다. 그리고 마지막까지 버티다가 해결책을 찾는 것이 과정이다.

그런데 이런 거짓말은 머잖아 탄로가 난다. 무책임한 거짓말은 화가 따르기 마련이다. 처음에는 그저 그 자리를 피해서 하는 거짓말이 습관이 된다. 다른 사람에게 좋은 인상을 주기 위해서 상습적으로 하게 되는 것이다.

프리랜서 기자 일을 하고 있는 L씨는 신문사로부터 작업 진행 상황을 묻는 전화를 받는다. 그는 자신 있게 말한다.

"약속드렸던 시간까지는 다 될 겁니다."

그가 기사를 보내기로 약속한 것은 금요일 오후였다. 전화를 끊고도 L씨는 취재해 온 기사를 전혀 작성하지 않았다. 기사는 어차피 며칠 뒤의 신문에 실릴 내용이었고 토요일과 일요일은 신문사가 휴무이니, 금요일에 조금 버티다 일요일까지 메일을 보내면 될 것이라 생각했던 것이다.

그런데 평소와는 달리 금요일이 되자, 아침부터 담당자에게 전화가 걸려왔다. 기사 하나가 펑크가 나는 바람에 월요일 신문에 L씨의 기사를 바로 싣겠다는 것이다. 그제야 L씨는 부랴부랴 손을 대서 보냈지만, 완성도는 형편없었다. L씨는 담당자에게 좋지 않은 소리를 들어야만 했다.

거짓말도 심하면 병이다. 습관적인 거짓말쟁이는 자신이 거짓말을 하는 것을 모른다. 거짓말을 하는 사람은 양심의 가책이나 뒷일에 대해서는 전혀 생각지 않는다.

'반사회적 인격 장애'라는 정신 질환이 있다. 이들은 자신의 이익을 위해 상습적으로 거짓말을 하는데, 죄의식이 없다. 이 질환은 남들의 관심을 끌고자 과장 표현을 일삼는 히스테리성 인격 장애, 변덕과 감정 기복이 심한 경계성 인격 장애, 자아도취증에 사로잡힌 자기애적 인격 장애 등이 있다. 이들의 특징은 자신의 목적 달성을 위해 거짓말을 활용한다는 것. 이들은 거짓말에 성공하면 기분이 좋아지고, 실패하면 우울해한다.

거짓말은 한순간의 위기를 모면할 수 있게는 해주지만 영원하지는 않다. 또한 한번 거짓말을 하면 그 거짓말을 정당화하기 위해 또 다른 거짓말을 해야 한다.

거짓말은 언젠가는 탄로 나게 되어 있다. 거짓말이 탄로 나는 순간 그 사람의 신뢰는 바닥으로 곤두박질치게 된다. 그러면 그 순간 당신의 인생은 '실패'다. 내일 당장 모든 것을 때려치우고 산으로 들어갈 것이 아니라면, 거짓말은 반드시 금기시해야 할 품목이다.

# 말 한마디가 천 냥 빚을 갚는다

한 학자의 연구에 따르면 사람은 평생 동안 5백만 마디의 말을 한다. 그 5백만 마디의 가치를 금액으로 환산하면 얼마가 될까. '말 한 마디로 천 냥 빚을 갚는다'는 말을 돈으로 환산하면 말 한 마디가 6억 원이 되고, 이것을 다시 5백만으로 곱하면 3천조 원이라는 천문학적인 숫자가 나온다.

이런 이유에서일까. 성공한 리더들의 첫째 요건은 화술이다. 성공한 리더들 중 말을 못하는 사람은 거의 없다. 링컨도, 루스벨트도,

프랭클린도 모두 ‘연설의 달인’이었다. 그들은 ‘스피치 커뮤니케이션’을 통해 자신을 돋보이게 하고, 사람들의 생각을 이끌어냈다.

그들은 단순한 ‘달변가’가 아니라, 사람의 마음을 읽고 움직일 수 있는 ‘화술가’다. 대화의 기술은 직장생활, 거래, 연설에서는 물론이거니와 친구와의 대화, 연애에서까지 큰 역할을 한다. 누구나 말을 할 줄 알지만, ‘잘’ 하지는 못한다.

말을 잘하기 위해서 가장 기본적인 것은 사람들을 관찰하는 것이다. 처음부터 말을 잘했던 사람은 아무도 없다. 그들은 주변사람들의 관심 있어 하는 주제와 그들의 시고방식을 알고 있다. 그래서 그때그때 알맞은 주제를 선택해서 이야기를 꺼내어 주목을 받는 것이다.

목소리는 부드럽게 하는 것이 좋다. 목소리 큰 것은 싸울 때나 유리하게 작용되는 것이다. 큰 목소리는 사람들에게 부담감을 안겨줄 뿐이다.

그리고 중요한 것은 ‘침묵’을 사용할 줄 알아야 한다. 한 템포 쉬는 시간을 주자는 것이다. 가끔 이야기를 하고 난 후에 ‘이 얘기는 하지 말걸’ 하는 후회를 한 적이 있었을 것이다. 쉬지 않았기 때문에 생긴 일이다. 생각을 위한 침묵은 당신의 이미지를 크게 상승시킬 수 있다.

자기계발 분야의 컨설턴트인 데일 카네기의 대화 기술을 살짝 훔쳐보자. 그는 대화를 할 때는 듣는 쪽의 주의력을 붙들어 매어두는 것이 중요한데, 그렇게 하기 위해서는 요령 있게 이야기하고 본제에서 벗어나지 말아야 한다고 이야기한다. 이야기하는 사람이 산만해지면 이야기를 듣는 사람은 더 말할 필요도 없다.

일시에 길게 이야기하는 것도 주의해야 한다. 집중력은 그리 길지 않다. 적당히 사이를 두며 이야기를 이어 나가야 한다. 상대가 이야기에 집중하지 않고 지겨워하기 시작하면 당신의 이야기는 더 이상 그에게 들리지 않는다. 언제 끝날지 모르는 잔소리가 되는 것이다. 상대가 잘 알고 있는 내용은 생략하고 넘어가는 것도 좋다. 그리고 추상적인 것보다 구체적인 말투를 사용한다.

의사 전달의 장애는 연습으로 극복할 수 있다. 카네기는 대화에 마술이란 없다고 이야기한다. 아무런 노력 없이 사람들이 자신에게 관심을 기울이기를 바라는 것은 안 된다.

# 몸짓은 마음을 표현한다

굳이 말을 하지 않아도 그 사람의 마음이 느껴질 때가 있다. 입술의 모양, 손과 발의 동작, 표정, 시선, 자세 등으로 그 사람이 어떤 생각을 하는지 저절로 알게 되는 것이다.

인간의 커뮤니케이션은 회화와 같은 '언어 정보verbal communication'와 몸짓이나 표정과 같은 '비언어 정보nonverbal communication'로 구성되어 있다. 언어 정보의 영향력은 우리 생각보다 훨씬 약하다. 연구 결과에 따르면 우리 세계에서 이루어지는 모든 커뮤니케이션의 7퍼센트만이 언어로 이루어진다. 나머지 93퍼센트는 비언어적 요소, 즉 목소리의 톤, 속도, 몸짓, 얼굴표정, 자세 등으로 전달된다는 것이다. 커뮤니케이션에 있어서 비언어적 요소의 중요성을 연구 결과는 알려주고 있다.

몸으로.말하는 것을 읽어낼 수 있다면 좀 더 진솔한 대화도 쉬워지며 대인관계의 거리도 한결 좁혀질 수 있다. 만약 당신이 상대의 본심을 읽어내지 못하는 사람이라면, 상대는 당신을 '답답한 사람'이라고 생각할 것이다.

표정과 몸짓은 상대의 마음을 읽어 내는 데 중요한 단서가 된다. 말은 꾸밀 수 있지만, 몸짓은 꾸밀 수가 없기 때문이다. 이를 관찰하면, 상대가 나에게 어떤 감정을 가지고 있는지 판단하는 데 큰 도움이 된다. 표정과 몸짓은 언어보다 더 강하게 친밀함, 거부감, 노여움을 전하는 도구다. 표정과 몸짓에는 보여 주고 싶은 자기뿐만 아니라 감추고 싶은 자기까지 숨김없이 나타난다.

이처럼 표정과 몸짓에는 본심이 녹아들어 있다. 말은 꾸밀 수 있지만, 몸짓은 꾸밀 수가 없다.

한 연인이 커피숍에 앉아 이야기를 나누고 있다. 남성은 팔짱을 끼고 소파에 기대어 있고, 여성은 몸을 앞으로 기울여 테이블에 반쯤 걸치고 있다. 당신은 두 사람의 관계를 어떻게 보고 있는가.

이야기하는 사람에게 몸을 기울이는 것은 들을 준비가 됐다는 사인이다. 그것은 상대의 이야기에 관심이 있다는 증거다. 여성이 남성에게 가진 호감이 더 크다는 것을 알 수 있다.

이밖에도 많은 예를 들 수 있다. 새끼손가락으로 귀 언저리를 긁는다면, 그는 당신의 말을 의심하고 있는 것이다. 또 이야기를 들으며 종이에 낙서를 하고 있다면, 그는 당신의 이야기를 따분해하고 있는 것이다. 그리고 고개를 끄덕이는 횟수가 줄거나, 주위를 두리번거리거나, 손목시계를 힐끔힐끔 쳐다보면 상대가 당신의 이야기에 지루해하고 있다는 증거다.

한마디로 당신은 당신이 거절당하고 있다는 사실을 알아야 한다.

 비언어 전달은 언어 전달보다 훨씬 정직하다. 사람들의 몸짓은 대부분 잠재의식의 표출이다. 우리는 상대가 무의식중에 취하는 몸짓에 주의를 기울여야 할 필요가 있다.

# 칭찬은 고래도 춤추게 한다는데!

칭찬에 기분 나빠 하는 사람이 있을까? 나는 이제껏 칭찬을 듣고 화를 내는 사람을 본 적이 없다. 거짓말인지 알면서도 여자들은 '예쁘다'는 말에 생글거리고, 남자들은 '능력 있다'는 말에 어깨를 으쓱한다.

우스갯소리로 하는 말 중에 '예쁘다고 칭찬하면 죽은 여자 심장도 뛴다'는 말이 있다. 그만큼 사람들은 칭찬 듣기를 좋아한다는 의미이다. 인간은 칭찬을 먹고사는 존재라고 해도 과언이 아니다.

사람은 다른 사람들에게 인정받기를 바란다. 칭찬은 상대방을 인정하는 가장 빠른 방법이다. 자신을 인정해주고 칭찬하는 사람을 싫어할 사람은 없다. 다시 말해 칭찬은 상대방을 내 편으로 만드는 무기인 것이다. 상대방의 기분을 좋게 하는 칭찬으로 얻을 수 있는 것은 의외로 많다.

『칭찬은 고래도 춤추게 한다』의 저자 켄 블랜차드는 여러 인간관계에서 성공하는 비결에 대해 말하고 있다. 그가 쓴 책을 들여다보면, 웨스 킹슬리는 출장 중에 우연히 동물원에서 범고래 쇼를 보고 무게가 5천 파운드가 넘는 범고래가 어떻게 멋진 쇼를 할 수 있는지 조련사에게 그 비법을 묻는다.

조련사는 비법이란 범고래에 대한 긍정적인 관심과 칭찬, 격려라고 말해준다. 조련사는 잘못한 것을 혼내기보다는 긍정적인 일에 훈련의 초점을 맞춘다는 것이다. 그는 고래에게 해준 것이라고는 먹이를 주는 것과 함께 놀아주는 것 이외는 아무것도 없다고 이야기한다.

블랜차드는 칭찬으로 고래가 점점 나아지는 것을 '고래반응'이라고 하는데, 실수와 잘못을 지적하고 불평하는 것을 '뒤통수치기'라고 한다. 뒤통수치기는 전혀 인간관계에서 필요하지 않은 방법이다.

누구나 칭찬받은 대로 행동하려고 한다. 특히 자신도 잘 모르는 자신의 어떠한 면을 남이 칭찬해 준다면 최소한 칭찬을 했던 상대방

앞에서는 꼭 그렇게 행동하려는 습성이 있다. 그것이 칭찬의 효과다.

우리나라 사람들은 칭찬에 인색한 편이다. 하는 데만 어색한 것이 아니고 받는 데도 어색하다. 칭찬을 들으면 괜히 어색해하거나 몸 둘 바를 모른다. 하지만 그것이 주는 효과는 절대 나쁜 것이 아니라는 것은 누구나 알 것이다. 칭찬의 위력은 칭찬을 하는 자나 듣는 자가 함께 즐겁고 행복해진다는 데 있다. 칭찬하는 사람도 마음이 즐겁고 칭찬을 받는 사람도 행복하다.

웨스 킹슬리는 칭찬의 10계명을 다음과 같이 말하고 있다. 칭찬할 일이 생겼을 때는 즉시 칭찬할 것, 잘한 점은 구체적으로 짚어 칭찬할 것, 가능한 한 공개적인 칭찬을 할 것, 결과보다는 과정을 칭찬할 것, 사랑하는 사람을 대하듯 다정하게 칭찬할 것, 진실한 마음으로 칭찬할 것, 긍정적인 눈으로 사물을 관찰할 것, 일이 잘 풀리지 않을수록 더욱 격려할 것, 잘못된 일이 생기면 관심을 다른 방향으로 유도할 것, 자기 자신에 대해서도 칭찬에 인색하지 않을 것 등이다.

교육학에 '피그말리온 효과'라는 것이 있다. 이는 교사가 어떤 학생에 대해 우수하다는 기대를 갖고 가르치면 그 학생이 다른 학생들보다 더 우수하게 될 확률이 높다는 이론이다.

이 이론은 근로자들의 작업 성과는 근무시간이나 임금이 아니라 주위의 관심과 상사의 주목에 더 큰 영향을 받는다는 '호손효과[hawthorne

<sup>effect</sup>’ 와도 비슷하다.

 칭찬은 단순한 ‘말’이 아니다. 칭찬은 박차고 날아갈 힘을 얻게
하는 ‘촉진제’가 될 것이다.

# 안주나 씹으세요

사람들과 음식점에 가서 밥 먹을 기회가 있었다. 주문한 음식이 나오고, 모두 허기진 탓에 수저를 들고 맛있게 먹기 시작했다. 그때, 한 여성이 얼굴을 찌푸리며 말한다.

"맛이 왜 이래? 조미료를 왜 이렇게 넣은 거래요?"

여성의 말에 나도 얼른 국을 떠먹어보지만, 그리 나쁘지 않다. 다른 이들도 마찬가지였는지 동의하지 않는다는 듯한 표정이다. "괜찮은데?"라는 우리의 한 마디에 여성은 더욱 얼굴을 찌푸리며 수저를 놓는다.

"이런 맛대가리 없는 음식을 어떻게 먹어요. 그냥 전 안 먹을래요."

맛있게 먹던 이들의 수저가 모두 움찔했다. 입맛에 맞지 않는다면 혼자 조용히 수저를 놓을 일이지 꼭 그렇게 다른 이들의 기분까지 잡치게 만들어야 하는지.

유달리 '씹는' 맛을 즐기는 사람이 있다. 도무지 만족이란 것을 모른다. 남을 인정하는 것을 본 적이 없고, 남이 잘 되는 것을 보면 가만히 있지를 못한다. 세상의 중심이 자신에게서 시작되는 듯 그는 자신의 말은 무조건 정답이라고 생각하며, 자신의 생각과 다른 남의 말은 부정한다.

자신이 하고 있는 일은 세상에서 가장 고귀한 일이고 힘든 일이다. 남이 하는 일은 쉬운 일이고 누구나 할 수 있는 일이다. 그의 앞에 서면 자신이 좋아하는 영화는 수준 높은 '명작'이 되고, 자신이 좋아하지 않는 영화는 '졸작'이 된다.

어떤 모임에 가서 겪은 일이다. 이야기를 한창 나누던 중, 한 사람이 '로또Lotto'에 대한 이야기를 꺼냈다. 자신은 월요일이 되면 로또를 꼭 산다는 것이다. 부귀영화를 노리기 위해서가 아니라 결과가 나오는 일주일 동안 설레는 무언가가 있어서 좋다고 했다. 작은 것이지만, 무미건조한 생활에서 활력소가 된다고나 할까.

나름 일리 있는 그의 생각에 모두 고개를 주억거렸다. 그때, 한 사람이 꼬투리를 잡는다.

"돈 아깝게 그런걸 뭐 하러 해요. 나는 복권 사는 사람은 이해가 안 되더라. 말은 그냥 한다는 거지만 사실 설렌다는 것 자체가 기대하고 있다는 거잖아요. 벼락부자가 되고 싶은 허황된 꿈을 가지고 사는 거지. 차라리 그 시간에 건설적인 생각을 하며 노력하는 게 훨씬 낫지 않아요?"

처음 이야기를 꺼낸 사람은 그대로 입을 닫았다. 분위기는 순식간에 썰렁해졌지만, 꼬투리를 잡은 그는 아무렇지도 않다는 듯 우적우적 과일을 잘도 먹고 있었다.

주위를 둘러보면 '잘난 사람'이 은근히 많다. 그들은 자신이 남들은 따라오지 못할 식견을 가지고 있고 누구보다도 냉철한 이성으로 판단을 할 수 있는 '특별한' 사람이라 생각한다. 그런 사람을 보고 있으면 절로 짜증이 난다. 다시는 보고 싶지 않은 사람이다.

사람은 '누구나' 자기 의견을 인정받고 싶어 하고 칭찬받고 싶어 한다. 내가 다른 이에게 인정을 받기 위해서는 나 역시도 다른 이의 의견을 받아들일 준비가 되어 있어야 한다는 것이다.

물론, 잘못된 것은 바로잡아줄 수 있다. 예를 들어 어디에 제출할 서류에 '짜장면'을 '자장면'이라고 표기해 놓았다면 정보를 제공할 수는 있다는 뜻이다. 하지만 그것은 '틀린' 것에 해당한다. 나와 '다른' 것에는 내가 왈가왈부할 자리가 없다. 저 사람의 생각은 저렇구나, 하고 이해만 하면 된다.

 말꼬리를 잡는 부정은 누구에게나 거부감을 유발한다. 만약 남의 욕을 하지 않아 입이 심심한 사람이 있다면, 오징어나 질겅질겅 씹을 것을 권유한다.

심리학자 해리 할로[H. Harlow]는 '원숭이 대리모 실험'을 했다. 그 실험은, 갓 태어난 원숭이를 철사로 만들었으나 우유를 줄 수 있는 '철 대리모'와 부드러운 천으로 둘러쌌지만 우유를 줄 수 없는 '천 대리모'가 있는 사육장에 넣고 함께 기르는 것이었다. 아기 원숭이가 택한 것은 놀랍게도 먹이를 주는 철 대리모가 아닌, 천 대리모였다.

비단 육아에 대한 이야기만은 아니다. 중요한 것은 피부 접촉을 통한 심리적 안정감 획득이라는 사실이다.

일전에 영국의 과학자들이 수년 동안 해바라기를 연구한 적이
있다. 해바라기가 해를 따라가는 이유에 대한 의문이 그 시작이었
다. 막연한 호기심에서 시작된 연구였지만, 그들은 해바라기가 태
양의 많은 성분 중에서도 푸른빛<sup>감색</sup>을 따라서 움직인다는 사실을
알아냈다.

어느 날, 우연히 한국을 방문하여 해바라기를 조사하러 가던 과학
자들은 시골길을 지나가다, 시골 초가 마루에서 배가 아프다는 손자
의 아랫배를 할머니가 손바닥으로 문지르는 것을 보았다. 처음 보는
모습에 호기심이 인 그들은 손바닥을 연구했는데, 놀랍게도 손바닥
가운데로부터 사랑이 담겨진 푸른색<sup>감색</sup>이 나온다는 사실을 발견하게
되었다.

스킨십<sup>skinship</sup>이란 피부와 피부의 접촉에 의한 감정의 교류를 뜻하는
말이다. 이는 육아용어 킨십<sup>kinship : 혈족 관계</sup>에서 '피부 관계'의 뜻으로
만들어진 일종의 조어다. 상대가 가깝게 느껴지고 친밀도를 높여준
다는 점에서, 스킨십은 대화를 나누는 방법보다 효과가 훨씬 뛰어나
다. 선거 입후보자나 연예인이 악수를 지지자나 팬들과 악수를 나누
는 것도 이런 이유에서이다.

길에서 오랜만에 동창을 만난 적이 있다. 바쁘다는 핑계로 몇 년
동안이나 보지 못했던 그녀를 우연히 만나게 되자 반가움은 배가 되

었다. 그녀도 나와 같았는지 저 멀리서 활짝 웃는 얼굴로 달려와 날 껴안았다. 갑작스런 그 포옹에 그녀가 날 반가워하는 그 마음이 한 번에 밀려들어오는 기분이었다.

스킨십, 애정 어린 포옹, 다정스런 몸짓은 말의 효과를 높여주는 아주 강력한 방법이다. 정확한 톤을 선택할 때 친절한 말을 더 부드럽게 만들어 줄 수 있듯이, 누군가를 격려해 줄 때 등을 다독이며 두드려 주는 것과 같은 적절한 스킨십은 말을 한결 따뜻하게 만들어 준다. 오랫동안 피부는 단지 신체를 덮고 있는 것으로만 여겨져 왔다. 하지만 가정 치료 전문가인 로이 맥기니스는 "당신이 진심으로 애정을 표현하려고 할 때, 부드러운 스킨십은 수천 가지 말보다 훨씬 더 상대와 가까워지게 만들 수 있다"라고 말한다.

가벼운 포옹 같은 인사는 인간관계를 따뜻하고 말랑말랑하게 만든다. 사람의 체온이란 엄청난 힘을 가지고 있어서, 까칠해진 마음을 유연하게 만들고 상대에게 위안을 준다.
단, 잊지 말아야 할 점은 가깝지 않은 사이에서의 과도한 스킨십은 부작용이 있다는 것이다.

# 따라 하세요

*mirror*

*1 거울 : 반사경*

*2 있는 그대로 반영하는 것*

*3 모범, 귀감*

'부부는 닮아간다'는 말이 있다. 타인인 두 사람이 닮아 간다는 것은 단순한 일이 아니다. 모르는 사이에 그의 행동을 따라 하고, 그리고 당신의 버릇을 따라 하는 그를 본 적이 있는가. 그럴 때 당신은 아마도 느낄 것이다. 그와 당신이 얼마나 서로를 가깝게 여기고 있는지를….

무의식중에 상대의 말이나 행동을 똑같이 흉내 내는 것은 상대와 자신의 일치성을 나타내는 이른바 동조의 사인이다. 이처럼 무의식중에 일어나는 자신의 행동이 마치 거울 속에 비친 자신과 같다 하여, 이를 '미러링mirroring'이라고 한다.

실험자 한 명에게 A, B와 이야기를 나누게 한 후 인상을 물었다. 인물 A에게는 실험자의 동작이나 말을 따라 하게 했다. 실험자는 자신의 동작이나 말투를 따라 한 A에게 호감을 느꼈다.

런던 대학의 캠벨 교수가 주장한 바에 따르면, 인간의 두뇌에 있는 '흉내 내기 뉴론'이라는 신경세포는 상대의 얼굴 표정을 인지하고 순간적으로 따라 하게 만든다. 우리는 의도적이든 비의도적이든 자신의 눈에 보이는 얼굴 표정을 자동적으로 따라 하는 경향이 있다는 것이다.

앞에서 말한 바 있듯이, 대화에서 맞장구나 장단 맞춤은 상대의 이야기를 촉진시키는 데 효과적이다. 이러한 행동도 심리학에서는 동조행동의 하나로 본다. 함께 걷고 있는 연인들이나 사이가 좋은 친구들을 관찰해 보면, 점점 두 사람이 같은 보폭, 같은 보조가 되어

가는 것을 알 수 있다. 개와 주인이 서로 닮아 가는 것도 일종의 동조 행동이다. 부부가 닮아가고, 친구끼리 말투가 비슷해지는 것도 이에 해당한다. 마음이 맞는 사람들끼리는 신경을 쓰지 않더라도 행동이나 말투가 닮아진다. 미국의 동물행동학자인 모리스[Morris, Desmond]는 친한 사람끼리 서로 행동이 일치하는 현상을 '자세 반향'이라 했다. 이 자세 반향은 두 사람이 친하면 친할수록 더 잘 나타난다.

처음 만난다 해서 느끼지 못하라는 법도 없다. 몸짓이나 자세, 이야기하는 속도나 목소리의 톤, 강약까지도 닮아 간다.

만약 당신이 처음 만난 상대와 편하게 이야기하고 싶을 때는 이를 이용하면 된다. 상대의 행동을 상대가 눈치 채지 않게 적당한 시간의 간격을 두고 따라 하면 상대가 나의 행동을 보았을 때 친근감을 느낀다. 당신이 적극적인 신호를 보내면 상대는 '나와 잘 맞는 사람'이라고 생각하고 호의적으로 당신을 대할 것이다.

 만약 당신이 가까워지고 싶은 사람이 있다면 오늘 그만의 행동을 따라 하는 것도 좋은 시도이다. 일부러 따라 한다는 걸 그가 눈치 채지 않게 주의를 하면서 말이다.

# 줄 것인가, 빼앗을 것인가 그것이 문제로다

　　K씨는 전화를 받을 때면 언제나 목소리를 가다듬는다. 그리고 경쾌한 목소리로 활기차게 이야기를 한다. 그다지 재미있지 않은 이야기라도 그는 크게 웃음을 터뜨린다. 즐거운 웃음소리에 내 얼굴까지 웃음이 피는 것은 두말할 필요가 없다.

　　반면 L씨의 목소리는 기어들어 간다. 통화를 할 때면 축 처지고 늘어지는 그의 목소리에 내 기운까지 빠져 어느새 내 목소리까지 흐릿해지고 있는 것을 느끼곤 한다.

당신은 어떤 사람에게 더 마음이 가는가? 사람들에게 인기를 끄는 가장 확실한 방법은 유쾌한 사람이 되는 것이다. 그런 사람이 되기 위해서는 유머와 센스도 물론 갖추어야겠지만, 우선 자신이 기운찬 사람이 되어야 한다. 생명력을 주는 장소나 대상을 만날 때 사람들은 편한 마음을 가진다.

사람의 의식은 밖으로 향한다. 만약 당신이 상대를 바라본다면, 당신의 에너지는 그를 향해 흐르는 것이다. 이것이 에너지의 외부 유출이다.

사람들은 다른 사람의 기분을 쉽게 파악한다. 당신의 기분이 좋다면, 주변 사람들의 기분도 덩달아 좋아진다. 기분은 강한 전염성을 가진다. 비즈니스 관계에서든 친목 관계에서든 사람들이 제일 먼저 받아들이는 것은 당신이 이야기하는 '내용'보다는 '에너지'인 것이다. 그 에너지는 다른 이들의 관심을 불러일으키게 되고, 결국 호감으로 발전하게 된다.

따라서 상대보다 조금 더 생동감이 있는 목소리로, 운율이 느껴지는 말투를 사용하도록 한다. 상대는 자연스럽게 대화 속에서 리듬감을 느끼게 되고 기운이 펄펄 넘치는 활기찬 사람과 만났다는 인상을 받게 된다. 그러면 상대의 기분도 고양되어 즐거워지기 때문에 그와 또 만나고 싶다는 생각이 들기 마련이다.

요란을 떨며 흥분하라는 의미는 아니다. 전혀 강요할 필요 없다. 그저 당신이 당신의 삶에 긍정적인 에너지를 가진다면, 그것은 자연스레 사람들을 끌어당기는 자석이 된다.

말하는 방법도 간과해선 안 된다. 남성은 상대의 이야기가 일관성이 있으며 논리적인지를 본다. 그에 반해 여성은 전체적인 이미지를 중요하게 생각한다. 그 때문인지 여성은 남성보다 이야기할 때의 동작이나 행동, 분위기, 용모 등을 중시한다. 여성은 상대의 말투나 행동이 조금 마음에 들지 않더라도 당당하게 얘기하는 사람, 자신의 마음을 전달하기 위해 노력하는 사람에게 더 호감을 느끼는 것이다.

 당신 스스로가 사람들에게 어떤 사람인지를 냉정하게 생각해 보라. 사람들에게 에너지를 주는 사람인지, 사람들의 에너지를 빼앗는 사람인지를. 자신의 목소리부터 조절할 수 있는 사람이 대화의 기술을 익힐 수 있다.

# 유머 센스를 키워라

레이건 대통령이 재임 중에 난감한 질문을 퍼붓는 기자들에게 'Son Of Bitch'라는 욕설을 한 적이 있다. 분노에 찬 기자들이 며칠 후, 레이건 대통령에게 SOB라고 큼직하게 적힌 티셔츠 한 장을 선물했다.

그것은 물론 선물이 아니었다. 대통령에 대한 항의 표시였던 것. 만일 대통령이 또 신경질적 반응을 보이거나 한다면, 모든 언론의 비난을 감수해야 하는 상황이었다.

그러나 레이건은 빙그레 웃으며 얘기했고, 다음날 신문에는 아무

것도 실리지 않았다.

"SOB라…. 이건 당연히 Saving Of Budget<sup>예산 절약</sup>이겠죠? 충고를 늘 염두에 두겠습니다."

어떤 사람이든 실수는 한다. 그리고 그 실수를 해결하는 것은 자신의 몫이다. 유머에는 상대의 분노를 무너뜨리고 자기의 방어를 높이는 능력이 있다. 사람들 사이의 썰렁한 공기를 따스하게 변화시키는데 웃음만큼 강력한 수단이 어디 있겠는가.

다른 이의 일화도 있다. 링컨이 더글러스<sup>Douglass, Fredrick</sup>와 나란히 상원위원 선거에 출마했을 때의 일이다. 더글러스가 먼저 연단에 올라가 큰 소리로 말한다.

"여러분, 링컨은 예전에 식료품 가게를 운영한 적이 있습니다. 그때 법은 절대로 술을 팔지 못하게 금지되어 있었습니다. 그런데도 링컨은 법을 어기고 함부로 술을 팔았습니다. 이런 사람이 어떻게 상원의원이 될 수 있단 말입니까?"

더글러스는 링컨을 공격하며 어깨를 으쓱했다. 잠시 후, 링컨이 연설을 할 차례가 되었다. 링컨은 태연한 얼굴로 청중에게 말한다.

"존경하는 유권자 여러분, 방금 전 더글러스가 한 말은 모두 사실입니다. 그리고 그때 우리 가게에서 가장 많이 술을 사 간 손님이 바로 더글러스라는 것도 사실이고요."

링컨의 말이 끝나기 무섭게 청중들의 우레와 같은 박수와 폭소가 여기저기서 터져 나왔다. 그것은 링컨의 명쾌한 응답에 보내는 찬사였다.

말을 잘 한다는 것은, 달변이기만 하면 좋은 것이 아니라 그 안에 어떤 내용을 어떻게 담는가가 더 중요하다. 한마디 한마디가 사람들에게 진심으로 닿을 수 있는 그런 말을 하는 것이 더 현명한 방법이다.

 당신은 상대에게 어떤 이미지로 보여지고 싶은가? 대부분의 사람들은 활기차고 건강하며, 여유 있는 사람으로 보이길 원한다. 그러기 위해서 필요한 것이 유머다. 유머감각은 앞으로 언제 올지 모르는 당신의 위기를 위한 필수 준비 사항이다.

# 당신이 부모라면

나는 당신에게 자식이 있는지 없는지 모른다. 하지만 나는 당신에게 질문을 던지겠다. 당신은 당신의 자녀를 얼마나 믿고 있는가.

모두들 알고 있겠지만, 에디슨은 천재가 아니었다. 에디슨의 담임은 에디슨의 어머니에게 에디슨이 수업을 도저히 따라올 수 없기 때문에 학교를 그만두어야 한다고 편지를 보낸다. 하지만 그의 어머니는 이에 낙담하거나 아이를 꾸짖지 않았다. 그녀는 오히려 자신의 아이가 다른 아이들보다 질문도 많고 무엇이나 알고 싶어 하는 우수한 어린이라고 믿고 있었다. 어머니는 아이에게 집에서 직접 글을 가르쳤다. 그리고 아이는 자기가 하고 싶은 여러 가지 실험을 열심히 했다. 그 결과 성공한 에디슨은 "어머니의 따뜻한 사랑과 나를 믿고 이끌어주신 정성이 나를 이렇게 발명가로 만들어 주었습니다"라고 말한다.

그의 뛰어난 재주를 어머니가 알아채지 못하고 썩혔더라면 어쩔 뻔했는가. 어둠을 밝히는 우리의 빛은 없었을지도 모른다. 다른 예를 들어보겠다.

스티븐 스필버그는 어린 시절 학교 다니는 것을 몹시 싫어했다. 그래서 영화감독이 되겠다고 결심한 후에는 촬영한 필름을 편집한 다는 핑계로 일주일에 한 번 꼴로 학교를 가지 않았다. 어머니는 그런 사실을 뻔히 알면서도 아들의 의지를 믿었기 때문에 학교를 쉬게 했다. 결국 부모의 사랑과 이해가 한 예술가의 탄생의 근원이 된 것이다.

아이의 아직 나타나지 않은 잠재 능력에 대한 믿음과 사랑과 격려로 기다려주는 부모의 지혜가 없었다면 세상을 바꾸어 놓은 위인이 탄생될 수 있었을까.

부모는 아이의 긍정적인 면을 바라볼 줄 알아야 한다. 많은 부모들이 아이에게 있는 긍정적인 부분을 간과하고 자신이 원하는 방향으로 밀어붙이는 오류를 범한다. 아이가 잘할 수 있는 일을 알아차리고, 그에 따른 경험을 도와야 한다. 그 때에는 칭찬은 필수. 꼭 칭찬할 것이 없다면, 머리를 써서라도 칭찬을 해주는 것이 좋다.

아이가 실수를 하더라도 따뜻한 태도를 잃지 말아야 한다. 실패는 성공의 어머니다. 아이의 두려움을 줄여주는 것이 중요한 것.

 아이의 인생에서 가장 많은 것을 도와줄 수 있는 사람은 바로 부모다. 기대에 넘치는 눈길로 사랑스럽게 아이를 바라보는 것은 부모가 자녀한테 주는 가장 좋은 선물이다. 아이에게 항상 희망과 용기를 가지게 하며 그들의 흥취와 애호에 따라 자신감을 배양하고 재간을 키우도록 열심히 밀어 주어야 한다.

# 입안에 가시가 돋는다

당신은 어떤 만남을 가장 좋아하는지? 나는 새로운 만남을 즐긴다. 그리고 그 중에서 가장 좋아하는 것은 좋은 사람과의 만남과 좋은 책과의 만남이다.

사람은 누구를 만나느냐가 중요하다. 성공한 사람들의 책을 많이 읽는 것도 그 때문이다. 가장 빨리 성공하기 위해 좋은 사람을 만나고 싶어 한다. 하지만 성공한 사람은 우리 개인을 위해 시간을 내줄 수가 없다. 그들을 만날 수 있는 방법은 무엇일까.

책이란 저자와의 만남이다. 따라서 책을 통해 그의 성장 과정을 알게 되고, 그가 어려움을 겪을 때 어떤 생각을 했으며, 어떤 과정을 거쳐 성공했는지를 알 수 있다. 책에 있는 모든 것은 간접 경험이 되어 우리를 성공의 길로 인도한다.

책의 한 구절로 인해 사람의 인생이 바뀌는 것을 흔히 볼 수 있다. 책의 모든 정보가 당신의 지식이 되어갈 때쯤 당신은 성공의 계단을 이미 오르고 있을 것이다.

링컨은 독학으로 측량 기사도 되었고, 변호사도 되었다. 그는 명문 집안의 자식도 아니었고 학교 교육도 제대로 받지 못했다. 오직 청소년기에 많은 책을 읽었을 뿐이다. 그 엄청난 독서량이 그의 정신을 위대하게 만들었고, 그 성실함이 그를 위대한 정치가로 만들었다.

미국의 제3대 대통령 제퍼슨은 독서를 생활화하여 1만 권에 이르는 책을 소장하고 있었다. 1812년 독립전쟁 중에 영국이 워싱턴의 국립도서관을 불태웠을 때 그는 자신의 책을 전부 국가에 기증했는데, 그것이 바로 오늘날 세계 최대의 도서관인 미국 국회도서관의 토대가 되었다.

'하루라도 책을 읽지 않으면 입안에 가시가 돋는다'는 말이 있다. 당신의 통증은 중요하지 않다. 당신의 가시 돋친 말에 상처받는 다른 이의 고통이 문제다. 내 입에서 나오는 날카로운 비수의 칼날을 당신은 한 번이라도 생각해 본 적이 있는가.

책 읽기는 당신을 성장시키는 가장 훌륭한 학습 방법이다. 폭넓고 깊이 있는 지식은 끊임없는 탐구와 독서를 통하여서만 습득할 수 있다. 책에는 인류가 오랜 세월 이룩해 놓은 방대한 정신문화적 재부가 기록되어 있다.

많은 시간을 들일 필요도 없다. 작업의 쉴 참이나 출퇴근길에서, 점심시간이나 하루 일을 마친 후 또는 공원이나 유원지, 작업장과 밭머리, 열차 칸과 버스 안 등 당신이 마음만 가지고 있다면 책 읽기는 많은 시간을 들이지 않고서도 할 수 있다.

 육체적인 풍요로움만이 다가 아니다. 당신의 빈곤한 정신을 위해 당장이라도 책을 들어라.

## 고마워요

『탈무드』에 "아무리 선인이라도 입이 험한 인간은 으리으리한 궁전 뒷마당의 악취 나는 하수구와 같다"라는 말이 있다. 우리 삶에 말이 끼치는 영향은 엄청나기 때문에 한마디라도 신중히 사용하라는 의미다.

당신의 마음을 누구나가 알 것이라고 생각하면 오산이다. 당신이 입 밖으로 내지 않는 한, 당신의 마음을 스스로 알아줄 이는 아무도 없다. 당신이 당신의 곁에 있는 사랑하는 사람을 소중히 생각한다면 사랑이 담긴 말을 자신과 상대방의 마음에 전달하라.

그것은 절대 어려운 일이 아니다. '고마워요' 한마디에 그 모든 감정이 담겨 있다. 당신이 고마움의 말을 입술에 담는 그 순간, 상대는 당신을 소중하게 생각한다.

아이젠하워Eisenhower, Dwight David 장군이 미 육군에서 소령으로 교육업무를 담당하고 있을 때의 일이다. 아내는 늘 그에게 용기를 북돋아주는 말을 하곤 했다.

"저는 당신이 자랑스러워요! 당신이 진급을 못해도 괜찮아요. 교육에서만큼은 당신이 최고잖아요."

아내의 격려와 칭찬 한 마디는 아이젠하워 장군에게 큰 힘이 되었다. 결국 그는 비록 남들보다 늦게 진급했지만 미합중국 대통령의 자리까지 올라갔다. 남편의 마음을 헤아리는 아내의 따뜻한 칭찬이 없었더라면 불가능했던 일이다.

우리는 공기의 소중함을 알지 못한다. 고마움을 모르는 것이 아니라, 표현을 모르는 것이다. 가까운 사이일수록 우리는 표현에 인색하다. 평소와 다름없는 생활의 계속이라면 무슨 걱정이랴. 문제는 인간관계에서 좋은 관계가 끝없이 유지되기란 힘들다는 것이다. 좋은 관계를 유지하기 위해서는 노력이 필요하다.

당신 곁에 있는 사람들은 당신에게 많은 것을 바라지 않는다. 그저 마음에서 우러나는 진심어린 칭찬과 고마움의 말뿐이다. 마음속으로만 사랑을 간직하는 것이 아니라 표현해야 한다. 고마움의 말 한마디에 서운함은 눈 녹듯 허물어질 것이다.

사람은 혼자서 살아갈 수 없다. 다른 사람의 도움과 위로가 있기 때문에 살아갈 수 있는 것이다. 당신의 꿈이나 소망을 실현하기 위해서도 마찬가지다. 당신의 노력이 없다면 관계는 소원해진다. 멋지게 당신의 마음을 표현할 때, 주변 사람들은 당신에게 그 보답을 분명히 줄 것이다.

# 타이밍을 잡아라

알은 비디오게임 산업을 하고 있었다. 그는 기존의 완구와는 다른 차별성 있는 완구를 찾다가 어느 날 신문을 보게 된다.

그것은 조각장인 자이버 로버츠의 수제 인형에 대한 기사였다. 천으로 만든 '리틀 피플'이라는 이름의 인형은 땅딸하게 작은 키에 오목조목한 얼굴을 하고 있었다. 그리고 인형에는 조지아 주 '베이비랜드 제너럴 병원'에서 발급한 입양 증명서가 있었다.

로버츠가 인형과 함께 첨부한 이러한 입양 증명서와 보증서는 사람들의 호기심을 자극했다. 인형에 얽힌 이야기와 특징 역시 사람들의 관심을 모으는 데 한몫 했다. 그 중에는 인형이 양배추 밭에서 태어난다는 내용도 있는데, 이는 아기들이 양배추 밭에서 온다는 설화에서 따온 것이다.

인형은 100달러가 넘는 비싼 가격이었고 우스꽝스러운 얼굴을 가졌다. 하지만 인형은 높은 판매량을 보였다. 인형을 산 사람은 아이가 아닌 어른이었으며, 그들은 인형을 완구가 아닌 것으로 보았다.

알은 로버츠와 협상했다. 그리하여 '리틀 피플'은 대량 생산되어 저가로 판매되기 시작했다. 인형의 이름은 '양배추 인형[cabbage patch kids]'으로 바뀌었다. 양배추 인형은 엄청난 인기몰이를 했다. 회사는 유아복이나 침구, 스티커, 음반, 게임 등 50여 개가 넘는 업체와 양배추 인형 상품을 판매할 수 있는 라이센스를 얻었다.

완구 산업 리서치 회사인 플레이데이트 손 맥거원은 양배추 인형이 온 나라를 휩쓸 수 있었던 것은 타이밍 덕분이라고 말한다.

바비 인형은 소녀들에게 공감대를 느끼기 어렵다. 반면 양배추 인형은 완벽하지 않다. 그래서 평범한 아이들의 관심을 사로잡은 것이다.

그 시기에 미국은, 이혼율이 엄청나게 늘어나면서 사람들은 불안정한 심리를 가지고 있었다. 그리고 완구 시장은 인간미가 배제된

전자 오락투성이였다. 아이들은 자연히 좀 더 인간적인 경험을 원했다.

인생은 타이밍이라 해도 과언이 아니다. 그 타이밍을 파악하는 능력은 절로 생기기도 하지만 노력의 산물이기도 하다. 하지만 우연보다는 지식의 결과일 가능성이 높다. 독서나 인간관계, 정보 수집 등의 지식으로 그 시기를 아는 것이다.

 기회는 올 때 잡아야 한다. 그것은 당신 하나를 위해 멈추어서는 아량을 베풀지 않기 때문이다.

# 당신 덕분입니다

당신이 실패로 눈물을 흘리고 있을 때, 깊은 좌절에 빠져 방황하고 있을 때, 이제 더 이상 희망이 없다고 체념하고 있을 때 손을 내밀어 준 누군가가 있는가? 꼭 물질적인 것을 이야기하는 것이 아니다. 당신에게 '잘할 수 있다'고 '너를 믿는다'고 격려해주는 그 진심만 있으면 된다. 그 진심에 당신은 용기를 얻을 수 있을 것이다. 다시 일어선 당신은 당신의 아픔을 이겨낸 원인이 뭐라고 생각하는가? 그 사람에게 한 번이라도 '당신 덕분이에요'라고 말해본 적이 있는가?

의외로 많은 사람들이 자신에게 도움을 준 상대에게 고마운 마음을 잘 전달하지 못한다. 솔직하게 자기 생각을 말하지 못하는 것이다. 최근에는 도덕의 개념이 많이 희박해졌다. 그리고 풍요로운 시대가 계속된 탓에 사람들은 '덕분에'라는 말을 잘 사용하지 않는다.

몇 년 전이었던가. 우리나라 여성과 결혼을 해서 귀화했던 어느 외국인이 있었다. 교수였던 그는 각종 언론에도 등장해 여러 가지 이야기를 했다. 그는 당당하게 우리나라에 대한 찬사를 늘어놓으며 '한국에 계속 있고 싶다'며 한국을 사랑한다고 이야기했다. 그는 공인이었다. 텔레비전에 나와 재치 있게 이야기를 나누기도 했고, 자신의 의견을 내놓았다.

그런 그가 이혼을 하고 모국으로 돌아갔다. 그는 일본 극우잡지에 한국문화를 비하하는 글을 기고했다. 한국에 있을 때도 그는 동해는 일본해가 맞고 홍길동은 일본의 역사 소설의 주인공이라는 책을 자신의 모국어로 발간했다. 그러면서도 그는 언론에 나타나 한국에 대한 자신의 사랑을 이야기했다. 일본으로 돌아간 후, 모 방송국에서 그런 사실을 알고 그를 찾아갔다. 이중성을 폭로하고 따지겠다는 것보다 그의 진심을 듣고 싶었던 것이 강했다. 그리도 한국을 사랑한다 했던 사람이 왜 변했는가. 그는 인터뷰를 거절하며 딱 한 마디를 남겼다.

"저는 이제 한국과 관련 없는 사람입니다."

하지만 그는 현재 어느 대학에서 한국어를 가르치고 있다.


자신이 도움을 받았다면 그 마음을 언제까지나 가지고 있어야
한다. 자신이 도움 받았다는 사실조차 잊고 외면하는 사람은 발
전할 수 없다. 그것은 기본적인 것이다.

당신의 말 한마디에 사람들은 기쁨을 느낀다. 그리고 그들은 당
신의 말에 힘입어 당신을 적극 도울 것이다.

# 상대는 부처가 아니다

우리나라 속담 중에 '며느리 부엌 강아지 배때기 차듯'이라는 말이 있다. 시어머니께 혼이 난 며느리가 어머니께 대들지는 못하고 죄 없는 강아지 배를 차 스트레스를 푼다는 뜻이다.

어느 나라나 집단의 내부에서 불만이나 분노가 생기면 '강아지 배때기'를 만들었다. 꽤 오래전 미국 남부에서 불황이 길어지면 흑인의 사형이 부쩍 늘었던 것은 이를 증명해주는 사실이다. 또 하나의 예는 독일 중산층의 불만을 나치스가 유대인 증오나 학살을 통해서 전가시킨 사실이다.

이는 우리나라도 마찬가지다. 현감이 화가 나면 이방에게 화풀이 하고, 이방은 아래 아전에게, 아전은 다시 마누라에게 화풀이를 했다. 그러면 마누라는 며느리에게, 며느리는 괜한 강아지 배때기를 걷어 차는 것으로 화를 전가시켰다.

현재도 이런 화풀이는 꾸준히 계속 되고 있다. 회사의 경우 사장은 부장에게 화풀이 하고, 부장은 과장에게, 과장은 대리에게, 대리는 일반 평사원에게 아주 짜릿하게 전가시킨다.

당신이 화를 낼수록 사람들은 당신에게서 멀어지게 된다. 주위의 분위기도 마찬가지다. 당신은 상대가 당신의 상황을 알기 때문에 이해해 줄 것이라 생각하지만, 이는 오로지 100퍼센트 당신의 착각이다. 주위의 분위기는 점점 나쁜 방향으로 흘러간다. 그 집단의 결집력은 당연히 떨어질 것이고, 희생양이 된 자는 스트레스를 받고 점점 견디지 못하게 될 것이다. 희생은 또 다른 희생을 낳는다. 만약 당신이 마음의 여유가 없다면 그 자리를 뜨고 마음의 평정을 찾는 것이 좋다.

당신이 화를 내는 이유는 '그가 알아주겠지' 하는 생각 때문이다. 결국 다른 이에게 의지를 하려고 하는 마음에서 비롯된 것이다.

나이가 많은 사람들 중에서도 다른 사람에게 의존하는 성향이 남아 있는 사람이 많다. 그들은 현실적 삶의 고통에서 도피하기 위해 상대에게 몰입한다. 그들은 늘 다른 사람이 자신에게 손을 내밀어주길 기다린다.

하지만 상대는 점점 당신에게서 멀어지려 한다. 한계가 있기 때문이다. 그렇게 되면 의존적인 성향을 보이는 그는 결국 외면당하기 시작한다.

외국 동화에 그런 이야기가 있다. 어떤 청년이 '참는 돌'을 구입해 방에 둔다. 참는 돌은 청년의 모든 이야기를 다 들어준다. 그의 실패와 연애, 모든 화를 받아주고 고민을 들어준다. 참는 돌은 이야기를 들으며 점점 부풀어오른다. 그리고 뻥, 하는 소리와 함께 결국 터져버리고 만다.

돌도 그럴진대 사람은 오죽하겠나.

 당신은 부처와 교류하고 있는 것이 아니다. 상대 역시 당신과 똑같은 사람이다.

# 통역을 해주세요

찰스 슐츠의 '스누피'를 보면 그런 장면이 있다.

찰리 브라운은 페퍼민트와 통화를 하고 있다. 페퍼민트는 찰리에게 이야기한다.

"있잖아 척, 내가 무슨 말을 하려는지 알아? 나 학교에서 '메이 퀸' 콘테스트에 입후보하게 됐어."

"그거 재밌는데? 우리 학교에서는 벌써 루시가 뽑혔어."

찰리의 말에 페퍼민트는 노골적으로 비웃는다.

"너희 학교는 상당히 수준이 낮구나, 척."

찰리의 옆에서 전화 내용을 궁금해 하고 있는 루시. 찰리는 루시를 보며 이야기한다.

"페퍼민트가 너에게 '축하해'라는데."

당신은 모든 일을 원만하게 해결하고 싶은가? 만약 찰리가 페퍼민트의 말을 그대로 전했다면, 루시의 자존심은 크게 다쳤을 것이다.

누군가의 말을 전달할 때는 항상 주의해야 한다. 군대는 전쟁을 막지만, 군대는 전쟁을 일으키기도 한다. 말은 사람의 기분을 좋게 만들기도 하지만 상처를 주기도 한다.

실수를 지적할 때도 마찬가지다. 자신의 잘못을 시인한다고 해도, 타인으로부터 그것에 대한 충고나 질타를 받게 되면 화가 나는 법이다.

하지만 말하지 않으면 알 수가 없다. 우리는 그래서 듣기 좋게 이야기하는 방법을 배워야 하는 것이다.

나폴레옹의 집사 콘스탄트는 황후 조세핀의 좋은 당구 상대였다. 그는 『나폴레옹의 사생활 회상록』에서 자신의 당구 솜씨는 상당한 수준이었지만, 황후와의 당구에서는 언제나 승리를 양보했다고 고백했다. 그리고 그것이 황후를 기쁘게 했다고.

처세술의 기본은 상대의 호의를 잃지 않는 것이다. 상대에 대한 배려와 존중이 깔린다면 당신은 이미 처세술의 기술을 익힌 것이다.

 찰리의 '통역'은 이 순간에 발휘할 수 있는 최고의 애드립이다. 이따금 당신이, 당신이 원하지 않는 상황에 빠졌을 때, 당신은 잠시 솔직함을 접어둘 필요가 있다. 당신이 그 말을 듣는 상대가 되었을 때의 기분을 생각하라.

# 장소를 따진다, 지하철

　지하철을 타다보면 간혹 눈살을 찌푸리게 하는 사람이 있다. 물론 다른 사람을 배려하는 훈훈한 모습도 많이 보이지만, 자기도 모르는 사이에 다른 사람에게 피해를 주는 경우도 적지 않다.

　지하철을 탈 때 승객이 다 내리지도 않았는데 타는 사람이 있다. 이것은 거의 대부분의 사람이 범하는 실수이지 않나 하는 생각이 든다. 기본적으로 지하철은 버스와는 달리 입구와 출구가 같기 때문에 서로 예의를 지켜주어야 한다. 내리기도 전에 올라타는 사람들에 밀려 거의 전쟁이라고 해도 과언이 아니다. 운전자는 사람들이 다 타기 전에 문을 닫거나 하는 실수를 저지르지 않는다. 천천히 타도 시간은 충분하다.

두 번째로 흔한 무매너는 '쩍벌남'이다. 어느 CF에서 그것을 아이디어로 삼아 '오므려 집게'라고 방송하는 것을 본 적이 있다. 어찌나 공감이 가던지. 혼자 두 사람 분의 자리를 차지하는 바람에 서 있는 승객은 늘어나고, 민망하여 시선을 어디에 두어야 할지 몰라 모르고…. 제발 주위 사람들 생각 좀 했으면 하는 생각이 간절하다.

그런가 하면 큰소리로 떠드는 사람도 많다. 아이들은 소리를 지르면서 왔다 갔다 하고, 중고등 학생들은 입에 담지도 못할 욕설을 마구 해댄다. 고함을 지르듯 전화를 하는 사람도 부지기수다. 지하철은 공공장소다. 최대한 조용히 해도 사람들의 소음은 무시할 수 없다. 거기에 대고 소리를 꽥꽥 지르면 절로 눈살이 찌푸려진다.

마지막으로 이건 굉장히 개인적인 의견인데, MP3의 볼륨을 낮추었으면 좋겠다. 이어폰으로 듣고 있다고는 하지만, 그 이어폰을 타고 소리가 흘러나온다. 그런데 그게 굉장히 자극적이고 신경에 거슬린다. 조금 멀리 있어도 들리는 걸 보면 놀랍기도 하다. 이어폰 속에서 나오는 원래의 볼륨은 얼마나 크단 말인지. PMP와 DMB도 마찬가지다. 요즘은 세상이 좋아져서 영화도, 텔레비전도 돌아다니면서 볼 수 있다. 하지만 이어폰 착용 없이 보는 사람이 있다는 것이 문제다. 애초에 그럴 거면 모두 함께 볼 수 있도록 스피커를 들고 다니는 센스를 발휘하든지.

당신은 어떤 사람인가? 혹시 뜨끔하지는 않았는가. 사람이 완벽할 수도 없고 모든 에티켓을 숙지할 수는 없지만, 기본적으로 타인에게 피해를 입히는 것은 신경 써야 한다. 세상은 혼자 사는 것이 아니다. 그렇게 하고 싶은 대로만 하고 살겠다면, 집안에 처박혀 있어라.

# 높임말은 쓸 줄 모르나?

얼마 전에 갑자기 햄버거가 먹고 싶어서 패스트 푸드점으로 향했다. 계산대에는 20대 초반의 앳된 아가씨가 주문을 받고 있었다. 나도 주문을 하기 위해 줄을 서 있는데, 내 앞에 있는 한 아주머니가 주문을 하는 모습이 눈에 들어왔다.

"빨대는 어디 있어?"

잘못 들었나, 하는 생각에 나는 그쪽을 바라보았다. 중년의 아주머니가 카운터에 기댄 채 이야기를 하고 있었다.

“그런 건 알아서 챙겨줘야지. 내가 빨대가 어디 있는지 어떻게 알아. 얼마야?”

완전히 애를 다루는 듯한 말투다. 그것도 다정함이라고는 전혀 깃들지 않은 무시하는 말투. 괜히 내 기분까지 나빠지는 듯한 느낌에 서둘러 그 자리를 피했다.

길거리에서 처음 본 사람에게도 그런 말투는 쓰지 못한다. 아무리 고객이 왕이라지만, 그런 식의 행동은 정말 ‘격’이 없는 행동이다. 종업원이라고, 혹은 자기보다 어린 사람이라고 무조건 아랫사람 대하듯 하는 태도는 반드시 고쳐야 한다.

‘반말’은 말 그대로 반半으로 낮춘 말이다. 친한 사이가 아니고서는 반말을 듣고 기분 좋을 리 없다. 우리는 하루에도 수십 번 유쾌하지 못한 반말을 듣고 지낸다.

반말은 그 사람의 인격이 반 토막이라는 생각까지 들게 만든다. 택시를 타면 반말을 서슴없이 하는 남자 운전사를 만나고, 은행 창구에서 여직원이 친한 사람 대하듯 반말을 한다.

언어학자인 호프론B. L. Whorf은 “말은 우리의 생각과 행동의 틀을 만든다”고 했다. 사람의 생각이 반영되어 몸 밖으로 튀어나오는 것이 말이며, 이 말에 따라 무의식이 행동으로 옮겨진다. 반말은 소탈함이나 격의 없음보다는 거칠고 무례하며 신중하지 않은 틀을 만든다.

 존중을 나타내는 가장 손쉬운 방법이 말로써 표현하는 것이다. 상대를 존중하는 말을 사용하는 것은 상대에게 자신을 어필할 수 있는 가장 기본적인 방법이다.

제발 서로 공손해졌으면 좋겠다. 친해지기 위한 반말은 어디에도 없다. 내가 나이가 많으니까, 혹은 친해지기 위해서 등 어떤 이유로도 당신의 하대를 기분 좋게 받아들일 사람은 없다. 나이가 어리다고 해도 우리의 자식이나 동생이 아니고, 직원이라고 해서 우리의 부하가 아니다. 내가 기분 나쁘면 남도 기분 나쁜 거다. 그것은 인간 생활의 기본적인 예의다.

# 올바른 에티켓의 기초

나라마다 풍습이 있다. 알제리의 회교도나 회교국에서는 여성은 눈 아랫부분을 베일로 가리지 않은 채 공중 앞에 나서면 안 된다. 또 폴리네시아인은 손님에게 환영의 뜻을 나타내기 위해 자기의 코를 상대방에게 비벼댄다. 우리에게는 그것이 낯설지 모르지만, 그들에게는 그것이 '당연한' 것이다.

에티켓$^{etiquette}$이란 그 사회, 문화가 요구하고 있는 기본적인 예절을 인간 사이에 지키는 것이다. 이것은 동서양을 막론하고 객관적인 입장에서 판단해야 하는, 말로 하지 않아도 지켜져야 할 무언의 법칙이다.

에티켓이라는 용어는 프랑스어 'Estiquier'에서 유래했다. 여기에는 두 가지 설이 있다. 첫째는, 옛날 베르사이유 궁전의 정원에 누군가 들어가 꽃을 밟아버린 사건이 생기자 정원 주변에 출입 금지라는 말뚝을 박고 출입을 막았는데, 이때 말뚝에 붙인 표지가 에티켓이었다. 둘째는, 사람들에게 베르사이유 궁전에 출입할 때 지켜야 할 예절을 적은 쪽지<sup>ticket</sup>에서 유래되었다는 것이다. 설이야 어찌되었든, 에티켓은 상황에 따라, 상대방에 따라 지켜야 할 기본적인 생활 규범이다.

우리가 익혀야 할 에티켓에는 수많은 종류가 있다. 운전을 할 때, 대중교통수단을 이용할 때, 식사를 할 때, 누군가와의 만남을 가질 때 등. 그 많은 에티켓을 도대체 어떻게 모두 외우란 말인가.

에티켓은 바란다고 저절로 이루어지는 것이 아니다. 하지만 그것이 터무니없이 어려운 일도 아니다.

에티켓에는 따뜻한 호의가 담겨져 있다. 일반적인 상식과 판단만 있다면 해결되는 일이다. 18세기 영국의 체스터필드 경은 '교황의 슬리퍼에 키스를 하는 것이 적절한 행동이라면 어떤 경우가 있더라도 그렇게 하라<sup>If it is appropriate to kiss the Pope's slippers, by all means do so</sup>'고 말한다.

상대방에게 폐를 끼치지 않는다는 것이 에티켓의 가장 기본이다.

서양에서는 이를 옥외 에티켓<sup>outdoor etiquette</sup>이라 해서 실내 에티켓과 함께 매우 중요한 에티켓으로 여기고 있다. 이는 공중도덕이라든가 공중 질서로 표현되기도 한다.

또한, 상대방에게 호감을 주는 행동을 하도록 노력해야 한다. 버스 안에서 실수로 남의 발을 밟았을 경우 곧바로 사과한다. 이것은 절대 어려운 일이 아니다

마지막으로 유의해야 할 점은 상대를 존중하는 것. 모든 예의범절의 바탕은 남을 존중하는 것이다. 이는 우리나라의 예절에서는 물론 그 어느 나라의 예절에서도 가장 기본이 되는 사항으로 여겨지고 있다.

에티켓이라는 것은 주지하다시피 남에게 폐를 끼치지 않고 호감을 주려고 노력하는 일이다. 당신이 조금만 더 노력한다면, 당신은 친절한 사람이 될 수 있다.

# 너의 죄를 사하노라

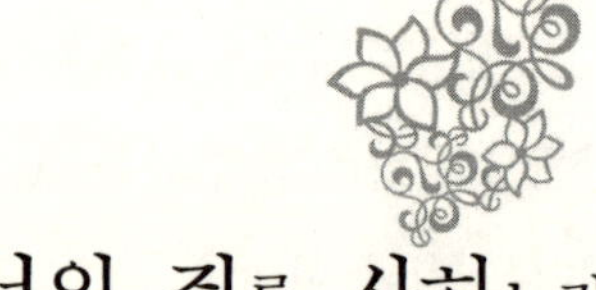

1940년대 후반 인도는 대영제국으로부터 영국에서 독립을 준비하고 있던 중 종교 전쟁에 휩싸였다. 내전 중 이슬람교도에게 아들을 살해당한 한 힌두교도가 마하트마 간디를 찾아가서 물었다.

"어떻게 하면 그 이슬람교도를 용서할 수 있을까요? 하나뿐인 아들을 죽인 사람에 대한 커다란 증오가 가슴에 남아 있는데 어떻게 하면 마음속의 평화를 되찾을 수 있을까요?"

간디는 그 남자에게 고아가 된, 적의 아이를 입양해서 친자식처럼 키우라고 제안했다.

나는 쉽게 용서를 하지 못하는 편이다. 상처를 받으면, 그 상처를 잊으려 하지 않는다. 살아가면서 다시 기억하고 되새겨 스스로에게 상처를 입힌다. 상처를 씻는 방법에 대해 전무한 지식을 가진 탓이다.

'용서'라는 것은 상처를 준 사람보다 받은 사람에게 더 중요한 일인지도 모른다. 용서하지 않으면 우리는 오래된 몸과 마음의 상처 그리고 그 상황을 계속 떠올리게 된다. 그것은 잊지 못한 과거의 불행한 부분을 계속 곁에 두는 것이며, 분노를 도리어 키우는 일이다.

용서는 당신 자신을 위해 필요한 일이다. 용서하기를 망설이는 사람은 결국 그 누구도 아닌 스스로를 벌주고 있는 것이다.

당신에게 상처를 준 누군가도 마음이 편하지는 않을 것이다. 그들도 사람이고 그저 실수를 한 것이며 그들 또한 우리가 그랬듯이 상처받는다. 타인의 행동은 그저 타인의 행동이다. 우리는 그 행동을 용서해야 하는 것이 아니라 그 사람을 용서해야 할 뿐이다. 유명한 말도 있지 않은가. 죄를 미워하되 사람은 미워하지 말라는.

상대를 비난하는 것이 더 자신에게 편하다고 말하는 이도 있을지 모른다. 하지만 그에게 비난을 퍼부음으로써, 우리는 더 큰 상처를 받게 된다. 이야기를 하며 자신의 기억을 떠올리게 되고, 상처를 되짚어 보게 되기 때문이다. 그것은 결국 스스로에게 벌을 주는 것이다.

 용서는 당신을 위해 가장 먼저 배워야 할 수업이다. 우리가 신경 쓸 일은 우리 마음의 평화와 우리의 행복이니까.

# 2장

## 장

# 마음 mind

# 피터 팬이 되어라

우리가 어린아이였을 때 세상은 마술 같은 일로 가득했다. 아빠 차를 타고 놀러가던 날, 아무리 달려도 해는 작아지지 않고 우리를 따라왔다. 바람은 어디에서 불어오는지, 꽃은 왜 살아 있으면서 말을 하지 못하는지, 하늘의 별은 어째서 떨어지지 않는지….

우리는 삶을 누리기 위해 태어났다. 그것은 생명을 가진 모든 존재의 생명력이다. 순수함은 아이들만의 것이 아니다. 그것은 마음을 젊게 하고, 일에 활기를 불어넣어 주며, 인간관계를 부드럽게 해준다.

젊음을 되돌려 주고, 행복하게 만들어 준다. '순수함'은 삶을 가장 충만하게 사는 방법이다.

조금만 더 기억을 되살려보자. 우리는 놀이터에 쪼그려 앉아 줄서서 지나가는 개미를 보며 어디로 갈까, 궁금해 하기도 했고, 크리스마스에 산타클로스를 기다리며 왜 항상 밤늦게 오는지 의아해하기도 했다. 언젠가 피터 팬이 날아와 데려가지 않을까, 달나라에 사는 토끼가 절구방아를 찧고 있지는 않을까. 생각할 것들은 무궁무진했고, 그것들은 행복과 설렘을 주었다.

어른이기 때문에 그것은 더 이상 신비롭지 않다고? 천만에. '어른'이기 때문이 아니라 '정지'했기 때문이다. 당신의 정신은 지금 스톱 상태다. 붉은 색 등이 켜져 있는 것이다. 당신의 순수함은 엉덩이를 들썩거리고 있다. 아직도 세상에는 신비로운 일이 많다고, 바라볼 수 있는 것은 아직도 많다고

오히려 우리는 '어른'이기 때문에 가질 수 있는 순수함이 있다. 여기서 말하는 순수함이란 진실을 회피하며 도리질하는 철없음이 아니다. 욕심을 버리고 영혼 그대로 상대를 대할 수 있는 솔직함, 그것을 말하는 것이다.

우리는 너무 혹독하게 세상에 길들여져 왔다. 인간관계에서까지 계산을 해야 하고, 지칠 정도로 현실과 맞서야 한다. 나이를 먹어서

순수함을 가진 이는 바보라 했고, 현실에 잠시 눈을 감을라치면 단순하다 했고, 아이들의 눈높이를 잃지 않으려면 철이 없다 했다. 하지만 다른 사람들의 평이 뭐 어떻단 말인가. 그네들은 모든 사물을 있는 그대로 느낄 수 있는 순수함을 가지지 못했기 때문에 하는 불평일 뿐인데.

오래된 느낌을 되살려 조금만 더 즐길 수 있다면 잃어버린 순수함을 되찾을 수 있다. 나이를 먹어가더라도 언제나 즐겁고 활기차게 사는 것, 그것이 영원한 젊음의 비법이다. 거죽이 늙어 가는 건 어쩔 수 없지만 계속 놀이를 한다면 내면은 여전히 젊은 채로 머물러 있을 것이다.

# 지금 당장!

당신이 마지막으로 바다를 본 것은 언제였는가? 아침의 냄새를 맡아 본 것은, 파란 하늘을 본 것은, 하늘에 촘촘히 떠 있는 별을 보고 여유를 즐긴 것은. 또 사랑하는 사람에게 따뜻한 말을 한 것은 언제였는가.

만약, 당신이 삶의 마지막 순간에 서 있다고 가정해 보자. 당신은 간절히 원하게 될 것들을 몇 개나 가지고 있는가.

애플사의 CEO 스티븐 잡스는 열일곱 살 때 '매일을 마지막 날인 것처럼 사세요'라는 글귀를 보고 매일 아침 거울 앞에 앉아 이렇게 질문했다.

"오늘이 내 생애의 마지막 날이라면, 나는 내가 오늘 하려 하는 것을 하길 진정으로 원하는가?"

지금 당신에게 이 질문을 던진다면, 당신의 대답은 무엇인가?

죽음을 앞둔 사람들이 가르쳐 주는 배움 중 하나는 모든 날을 마지막이라고 생각하고 살라는 것이다. 그들은 후회한다. 아직 하고 싶은 일이 많은데, 해야 할 일이 많은데….

당신에게는 삶을 진정으로 느끼고 맛보고 즐기는 태도가 필요하다. 눈을 뜨는 매일 아침, 당신은 신에게 가장 커다란 선물을 받은 것이다. 무언가를 할 수 있는 시간을 부여받았다는 것은 당신이 생각하는 것보다 훨씬 값지다.

극단적으로 당신의 직업을 때려치우고 원하는 어떤 일을 하라고 말하는 것이 아니다. 평범한 것 속에서 특별한 것을 보고 느끼는 법, 열정적으로 사는 법을 깨우치라는 것이다. 만일 다음 생이 있다 하더라도 당신은 이번 생과 같은 생을 살지 못할 것이다. 사랑하는 가족과 연인, 친구들은 지금과는 다른 모습일 것이다. 당신은 지금 당신의 나라가 아닌 다른 나라에서 태어날 수도, 다른 문화를 익히게 될지도 모른다. 지금 당신이 느끼는 것과 같은 사랑은 이번이 마지막일 것이고, 당신이 하고 있는 일과 능력 역시 다시는 겪지 못할 것이다.

마지막 순간에 조금만 더 시간을 달라고 매달리거나 애원하지 마라. 당신이 스스로 기도할 때, 그때는 이미 너무 늦다. 우리가 가진 비극은 우리네의 인생이 짧다는 것이 아니라, 중요한 것을 너무 늦게 깨닫는 데에 있으니까.

 지금 당장 당신의 머릿속에 들어 있는 생각을 이행하라. 당신은 지금 이 순간을 살 수 있는 '특권'을 가진 것이다. 삶은 우리에게 사랑하고, 일하고, 놀이를 하고, 아름다움을 볼 기회를 주었다.

# 나이 + 값 = 나잇값(?)

처음 사회에 발을 내딛었을 때, 내가 했던 일은 유명회사의 경리였다. 시간이 지나면서 사내의 상하 관계가 눈에 들어오기 시작했을 즈음이었다. 선배 한 분이 날 불러냈다.

"OO 씨는 나이를 그렇게 먹고도 왜 그러는지 몰라. 나잇값도 못하나. 그러니까 여태껏 승진을 못하지."

갓 사회생활을 시작한, 그 순하디순한 핏덩이가 뭘 알았겠는가. 나는 그저 선배가 얘기하는 말에 고개를 주억거릴 수밖에 없었다. 그

OO 씨가 내 아버지뻘 되는 연세를 가진 분이었지만.

사회생활을 하면서 별의별 사람을 다 만나봤다. 앞뒤 다른 사람은 물론이고, 이간질하는 사람, 거짓말을 밥 먹듯 하는 사람, 사생활이 문란한 사람…. 개중에는 갓 스무 살이 된 뽀송뽀송한 아가씨도 있었고, 불혹을 넘긴 분도 있었다.

그런데 희한한 것은 사람을 대하는 태도에 '나이'라는 잣대가 필요하다는 것이다. 이때 어린 사람의 실수는 무던히 잘도 넘어가면서, 나이가 든 사람의 실수는 혀를 끌끌 차며 그냥 넘어가질 못한다.

이는 법에서도 비슷하다. 청소년이 죄를 지으면 거의 처벌받지 않는다. 하지만 성인은 다르다. 죄를 지었으면 마땅히 처벌을 받고 받아야 한다.

"나이가 어떻게 되세요?"라는 질문에 대해 생각해 본 적이 있는지? 그것은 단순히 당신의 나이에 대해 궁금한 것이 아니다. 과거에 있었던 경험을 토대로 그 사람에 대해 생각해 보려는 것이다. 누군가의 나이를 알고 나면 그 사람이 어떤 기억을 가지고 있을지 상상할 수 있다. 당신의 나이에 따라서 비틀즈나 프랭크 시나트라를 알 수도 있고 인류 최초의 달 착륙이나 디스코를 기억할 수도 있다.

이렇듯 나이에는 많은 것들이 스며 있다. 기억과 추억, 경험들. 그래서 사람들은 나이가 들수록 삶이 무엇인지를 더 잘 이해하게 되고 허튼 일에 허비할 시간이 없다는 것을 깨닫게 된다. 젊음은 순수했던 시절이지만, 뭔가를 잘 모르던 때이기도 하다. 모험을 즐기기도 했지만, 어리석었던 시절이기도 하다. 젊은 시절을 떠올리며 나이가 든 후에 후회하는 사람이 많은 것은, 세월의 흐름이 원망스러워서가 아니라 자신이 꿈꾸던 삶을 살지 못했기 때문이다. 멋지게 나이 들어간다는 것은 우리에게 주어지는 하루하루와 매 계절을 충실히 살아가는 것을 말한다. 우리가 후회하는 삶은 충실히 살지 못한 삶이다.

한 살, 한 살 먹을 때마다 두려워진다. 내년에는 어떤 행동이 내 나이에 맞는 행동인가를 또 고민해야 할 테니.

결국 나이라는 것은 자신이 살아온 삶에 대한 책임을 진다는 것이다. 나이 + 값이라. 참 멋진 말이다. 하지만 나이를 먹는 것도 억울한데 그 값을 내야 한다는 것은 억울하기도 하다. 하지만 어쩌겠는가. 나이를 먹었기 때문에 즐길 수 있는 여유와 행복도 있으니 말이다.

# 몰입하라. 그것은 당신의 자산이 될 것이니

몰입 전임자라는 말을 들어본 적 있는지? 존 맥스웰이 쓴 책의 이야기를 잠시 지면으로 옮겨와 보자. 어떤 사람이 빈 사무실에서 창밖을 바라보는 여자를 보고 사장에게 묻는다.

"저 분은 왜 이 빈 사무실에서 혼자 창밖을 바라보고 있습니까?"

"그녀는 우리 부사장 중 한 명일세. 여기는 그녀의 사무실이지."

"부사장님은 무슨 일을 하시나요?"

"생각만 한다네."

“생각만 한다고요? 와! 저도 그런 일을 하고 싶습니다.”

“그녀가 제출한 아이디어 덕분에 우리 회사가 2천만 달러를 벌었다네. 자네도 꾸준히 그런 일을 할 수 있다면 언젠가 그녀와 같은 일을 하게 될 것이네.”

창조하는 것, 물론 그것은 쉬운 일이 아니다. 머리를 쥐어짠다고 해서 나오는 것도 아니고 학식이 높다고 해서 나오는 것도 아니다. 바로 ‘상상의 자유’가 마음껏 주어질 때 창조력이 살아나게 된다.

아무리 해도 생각나는 것이 없는데 어떻게 해야 할까.

사람들은 흔히 창의력은 타고난다고 생각하는 경향이 있다. 그럴 수밖에 없는 것이 아이디어를 내는 사람은 끝없이 많은 아이디어를 내는 반면, 그렇지 못한 사람은 남을 따라가기 바쁘기 때문이다.

하지만 창의력이라는 것은 스스로 계발되는 것이다. 의도적인 노력을 기울이라. 보다 좋은 방법을 끊임없이 생각하고 의문을 가져라. 건성으로 응하거나 그냥 지나쳐버려서는 안 된다.

자신의 생각을 팔아 성공한 사람들이 있다. 소프트뱅크의 손정의 사장의 말을 들어보자.

“두뇌를 자나 깨나 계속 쓰다보면 결국엔 좋은 아이디어가 떠올라 성공할 수 있다고 봅니다. 옛날에 저는 비즈니스맨은 타고나는 것 아닌가 생각했습니다. 하지만 이후 매일 넘치는 아이디어 때문에 잠을 못 이룰 정도였습니다. 그러나 지금은 누구나 그렇게 될 수 있다고 확신합니다."

이 얘기에 내가 하고자 하는 모든 말이 들어 있다. 두뇌를 자나 깨나 쓰면 좋은 아이디어가 떠오른다. 몰입을 하는 사람은 타고나는 것이 아니라 의도적으로 문제를 해결하려고 생각하면 아이디어가 넘쳐나게 된다.

뉴턴은 만유인력을 발견하게 된 노하우에 대해 다음과 같이 말한다.

"내내 그 생각만 했으니까."

아인슈타인은 이렇게 얘기한다.

"나는 몇 달이고 몇 년이고 생각하고 또 생각한다. 그러다 보면 99번은 틀리고 100번째가 되어서야 비로소 맞는 답을 얻어낸다."

이와 같이 위대한 사람들의 특징은 뛰어난 지적 재능을 가졌으며 몰입적인 사고를 한다는 것이다. 뉴턴과 아인슈타인의 머리를 가질 수는 없지만 몰입적인 사고는 따라 할 수 있다. 따라 하는 것만으로도 엄청난 위력이 발휘될 수 있다.

당신은 몰입하는 방법을 알아야 한다. IBM의 설립자 토마스 와튼은 직원들에게 두뇌를 비워두지 말고 항상 생각하라고 강조하며, 생각하라는 표어를 여기저기 붙였다. IBM에는 생각에 대한 행동 강령이 있다.

첫째, 생각할 재료를 읽어라. 둘째, 생각할 재료를 들어라. 셋째, 막연한 생각을 수정하고 정리하기 위해 토론하라. 넷째, 상대방이나 대상의 상황을 관찰하라. 다섯째, 읽고 듣고 토론하고 관찰한 내용을 생각하라.

두뇌를 비워두는 것은 가장 쉽게 할 수 있는 낭비다. 한 순간도 허비하지 마라. 생각할 수 있는 '꺼리'를 찾은 다음, 맘껏 생각하는 거다. 당신의 창의력을 막는 자는 아무도 없다. 당신은 work hard가 아니라 think hard를 해야 한다.

# 당신의 별을 찾아라

평소와 다름없는 어느 날, 전부터 알고 지내던 사람과 만났다. 그녀는 결혼을 해서 회사를 그만두고 집안일을 하는 평범한 여성이다.

그녀는 나를 부러워했다. 하고 싶은 일을 할 수 있어서 부럽다고 그 열정과 젊음이 부럽다고. 그녀는 무언가를 잃어버렸다는 상실감에 늘 우울하단다. 무엇을 해도 즐겁기는커녕 무의미하고 원인 모를 슬픔에 자꾸 가슴이 먹먹해진단다.

나라고 다를까. 나 역시 늘 지치고 멍하게 있을 때면 왠지 모를 허탈감에 보지 않는 텔레비전 소리만 윙윙 귓가에 흘리고 있는데. 전혀 피곤한 일이 없는데도 몸과 마음은 지쳐 침대에 드러눕기 바쁘고, 뭘 해야 할지 몰라 주위만 두리번거릴 뿐인데.

당신은 당신의 '별'을 가지고 있는가. 별에 닿을 수 있냐 없냐 하는 현실적인 문제가 아닌, 당신이 바라보는 것만으로도 뿌듯해지는 당신의 별.

자신의 일을 가지고 있어도 꿈이 없다면 무슨 소용이 있으랴. 하루 살기 바쁘고, 그렇게 열심히 번 돈은 도대체 어디로 갔는지 찾기도 힘든 것을. 늘 같은 미지근한 생활은 무의미하게만 느껴지고, 결국 그것은 무기력증을 부른다. 매사에 힘이 없고 나른한데다 한숨만 나온다. 뭐가 그리 힘드냐, 누가 물어보면 막상 할 말이 없다. 힘든 것이 있는 게 아니라 외로울 뿐이고, 자괴감이 들 뿐이니. 원인이 없다는 뜻이다.

활기차게 사는 법, 그게 뭘까? 한 번 심각하게 생각해 본 적이 있다. 왜 내 생활이 뜨겁거나 차지 않고 미지근하게 그냥 강물처럼 흘러가는 듯한 기분이 드는 건지. 원인은 단 하나, '별'이었다.

나에게 있어서 별은 글이다. 누구만큼 빼어나게 잘 쓰는 것도, 누구처럼 베스트셀러를 만든 것도, 누구처럼 '글' 하나로 먹고 살 수 있는 것도 아니다. 하지만 난 내 별을 늘 바라보고 있다. 동경은 모든

것을 가능케 만든다. 이런 식으로 내가 하고 싶은 이야기를 다른 이
에게 전할 수 있는, 이런 일을 할 거라곤 꿈에도 몰랐다.

파울로 코엘료의 『연금술사』에는 "무언가를 간절히 바라면 온 우
주가 그 소망이 실현되도록 도와준다"라는 구절이 있다. 결국 꿈이란
건, 바라면 바랄수록 더욱 더 가치 있는 게 아닌가 하는 생각이 든다.

단 한 권의 책도 낸 적이 없었던 한 여성이 쓴 책이 일약 전 세계에
1억 6천만 부라는 공전의 베스트셀러를 낸 적이 있다.

그 여성은 강제로 이혼을 당하고, 돈도 없이 집에서 쫓겨나 아기를
안고 카페에서 글을 쓰면서도 자신이 갈 길을 꿋꿋이 고집했다. 여러
출판사에서 거절당했지만 그녀는 포기하지 않았다. 그 결과, 그녀는
지금 영국에서 제일가는 부호가 되었다.

그녀는 다름 아닌 『해리포터』의 저자인 J. K. 롤링 여사다. 그녀의
'운'이 빛이 난 이유는 단 하나, 그녀가 자신의 '별'을 외면하지 않았
기 때문이다.

가슴속에 열정이 없는 사람은 없다. 단지, 자신의 열정을 불태울
'재료'를 찾지 못했을 뿐이다. 그 재료를 찾는다면, 그것이 도화선이
되어 당신 가슴의 불은 활활 타오르리라. 당신의 가슴에 파묻혀 있는
열정을 찾아라. 그것은 꺼진 것이 아니라 그저 가라앉아 있을 뿐이다.

우리는 하루가 끝날 때마다 우리가 한 것들을 이야기하면서 열심

히 살았다는 것을 증명시켰고 그 증명에 만족하며 살아왔다. 어른이 된 지금도 우리는 순수한 기쁨만을 위해 하는 일보다는 어떤 일의 완성을 이야기할 때 훨씬 더 뿌듯함을 느낀다.

별에 이를 수 없는 것은 불행이 아니다. 불행한 것은 그 별을 가지지 못한 서글픔이다. 슬프게도 그 별을 가졌음에도 열정이 타오르지 못하도록 꽁꽁 묶어두는 사람도 있다. 그런 이유들은 언뜻 당신을 보호해주는 듯하지만 사실은 당신을 가두고 좁은 공간에서 살게 만든다.

 삶은 당신이 생각하는 것보다 훨씬 짧다. 만일 무언가 하고 싶은 것이 있다면, 바로 지금 그것을 실행하라.

# 웃어요, 웃어봐요~

하루는 직장 동료가 나에게 이렇게 말했다.

"넌 어떻게 항상 기분이 좋아?"

순간 의아해진 건 오히려 나였다. 그도 그럴 것이 한 번도 회사에서 즐거운 적이 없었다. 밀린 일거리들 속에서 만나는 상사의 짜증, 하루걸러 하는 야근, 부족한 수면…. 세상에 어떤 회사원이 직장에서 기분 좋게 있을 수 있단 말인가. 당장이라도 사직서를 내고 뛰쳐나가고 싶은 것을 꾹꾹 참고 있는데.

무슨 말이냐고 물으니 그녀는 대답했다.

"너하고 눈이 마주치면 늘 웃고 있어. 비결이 뭐야?"

이 답답한 여자야, 비결이 있을 수가 있나. 기분이 좋아서 웃는 것도 아닌데. 다른 이와 눈을 마주칠 때 찡그린 얼굴을 할 순 없잖은가. 그저 웃는 수밖에 없다.

많은 사람들이 알고 있겠지만, 빛나는 표정은 호감을 주는 커뮤니케이션의 기본이다. 그 빛나는 표정의 으뜸이 웃음이다.

사람들은 타인에게는 인색하면서 자신에겐 관대한 습성이 있다. 다른 이의 찡그린 표정에는 즉각 반응한다.

"너 표정이 왜 그래?"

유독 우리 한국 사람들은 웃음과 칭찬에 인색하다. 눈이 마주쳐도 웃지 않고, 오히려 시선을 피하는 경우가 허다하다.

처음 외국 여행을 했을 때 우리와 다른 문화에 상당히 당황했다. 거리에서 만나는 타인에게도 환한 웃음을 지어 보이고, 아무렇지 않게 인사를 한다. 신호등을 기다리고 있는데 어느 외국인이 하는 인사에 반갑게 웃기는커녕 의심부터 했다. 저 사람이 혹시 내 가방을 노리거나 하는 건 아닌가 하는.

지금 생각해도 어처구니없는 일이다. 하지만 실제로 거리를 돌아다닐 때 살펴보면 웃는 얼굴을 만나기가 참 어렵다. 무표정한 얼굴로 눈을 치켜뜨고 싸울 듯이 걷는 이들이 왜 그리도 많은지. 눈이라도 마주치면 웃음은 고사하고 시비를 걸까 봐 오히려 고개를 돌리게 된다.

웃음의 중요성은 수천 번 말해도 지나치지 않다. 꼭 남을 위해서가 아니다. '안면 피드백'이라는 말이 있다. 얼굴 표정에 자극을 주면 거꾸로 그 영향을 받아 감정을 느끼게 된다. 억지웃음이라도 웃게 되면, 도파민이라는 호르몬이 분비되어 기분이 밝아지고 건강해진다.

20대 전에는 부모가 주신 얼굴이지만, 그 후에는 자신이 만들어간다는 말이 있다. 실제로 많이 웃는 사람의 주름은 보기에도 예쁘다. 하지만 얼굴을 찌푸리고 산 사람은 미간에 주름이 잡혀 있다든가 가만히 있어도 화가 난 듯한 표정에 첫 이미지부터 좋지 않다.

지금 당장 거울을 들고 웃음을 지어보자. 입 꼬리가 잘 올라가지 않는다든지, 눈이 무표정한 사람은 각성할 필요가 있다. 웃음은 일상적인 것이지 거창한 것이 아니다.
좋아서, 재미있어서 웃음을 짓는 것이 다가 아니다. 웃자. 웃으면 복이 온다.

# 혼자 놀기

　퇴근을 한 아무개 씨는 집으로 돌아가는 발걸음을 빨리 한다. 쉬고 싶은 생각이 간절하다. 빨리 움직이던 발걸음이 잠시 멈췄다. 며칠 전부터 먹고 싶었던 음식을 발견했던 것이다. 하지만 그는 곧 다시 집으로 걸어간다. 같이 먹을 사람이 마땅히 생각나지 않기 때문이다. 집으로 돌아온 그는 책을 읽으려고 펼치는데, 전화가 걸려온다. 친구 녀석은 뭐가 잘 되지 않는지 이런저런 이야기를 털어놓는다. 꽤 긴 통화를 한 후 그는 보려던 책을 결국 덮고 잠을 청한다.

끊임없이 말하고 듣고 신경 쓰고 눈치 봐야 한다. 정신을 차리면 밤이다. 당신의 몸과 정신은 외친다. 가끔은 외롭고 싶다. 혼자이고 싶다.

빨라진 생활양식과 얽힌 인간관계 때문에 지친 탓일까. 그게 아니면 지나치게 유난스러운 자기애愛일까.

고독의 시간, 우울의 시간을 즐기는 '글루미gloomy족'이 늘고 있다. 칙칙하고 우울하다는 뜻의 글루미족, 그들은 통제 가능한 가벼운 우울을 감성의 원천으로 삼고 있다. 우울한 감정과 솔직히 마주하며, 혼자 있는 시간을 일부러 만들어 자신과의 대화에 몰두하는 것이다.

영국에서는 이와 비슷하게 생활하는 사람을 '와이즈wise족'이라 일컫는다. Women who Insist on Single Experiences, 해석하자면 나 홀로 경험을 고집하는 여자들의 약자다. 의도적 우울을 즐기며, 그 외로움을 통해 자신과 대화를 하는 것이다.

대부분의 사람들은 혼자를 두려워한다. 그들은 늘 사람들과 만날 약속을 정하고 휴대폰을 만지작거린다. 보고 싶은 영화도, 먹고 싶은 음식도, 가고 싶은 여행도 '함께'여야 한다. 당신은 알고 있는가? 당신의 여유가 얼마나 쪼들리고 있는지.

당신의 정신은 당신에게 끊임없이 휴식을 달라고 호소한다. 겨우 혼자가 되는 밤, 당신은 다짐한다. 이번 휴일은 꼭 그 부탁을 들어주리라. 열심히 일한 만큼, 그 동안 지쳤던 만큼, 나의 생활을 즐기리라. 하지만 다시 휴대폰을 잡는다.

왜 혼자임을 두려워해야만 하는가. 우리는 처음부터 혼자였다. 과감히 자신을 외로움의 세계에 던져 보라. 자신과 많은 대화를 나누고 내면의 소리를 들어라. 그것은 갑자기 더 행복해지거나 강해지는 것이 아니라, 세상을 더 이해하고 자기 자신과 더 평화로워지는 것을 의미한다. 그것을 발견하는 것은 당신만의 여행이다.

예수도 홀로 있는 시간을 가질 줄 알았다. 그는 중요한 결정을 앞둔 순간마다 제자들과 군중을 멀리 하고 언덕으로 올라 기꺼이 혼자가 되었다.

사실, 생각해 보면 혼자 있는 경우가 참 없다. 친구들에, 직장 동료들에, 가족들에, 애인까지. 겨우 만들어진 시간 역시 조그만 기계를 만지작거린다. 그 기계로 친구들과 문자나 전화를 끊임없이 해야 한다.

 아, 피곤한 일상이여. 일주일에 하루 정도는 자신에게도 시간을 줘야 하지 않을까. 책 한 권 슬쩍 펴고 그 끄트머리에는 부드러운 향의 커피 한 잔을 올려보자. 조급했던 마음을 턱 내려놓고, 거리에 오가는 사람들의 표정을 살피고, 자신의 모습과 생활도 돌이켜보자. 타인에게 쓰는 시간에만 너그럽지 말고, 자신이 쉴 시간 정도는 주는 아량은 있어야 한다.

# 불행은 내 것!

친구 하나가 고민을 털어놓은 적이 있다. 취기가 올랐는지 붉어진 뺨을 하고선 그녀는 떠들었다.

"요즘 정말 살기 싫어."

"진짜 지금 같아선 콱 죽고 싶어."

어린 나이에 결혼한 그녀는 잘 나가던 회사까지 때려치웠지만, 남편의 바람기로 결국 이혼했다. 위자료마저도 주식으로 모두 잃어버렸다. 그녀는 자살 생각을 수도 없이 했다고 했다. 자살 충동을 느껴

칼까지 들어본 적 있다고

　요즘 특히 힘든 사람이 많다. 살면서 죽음을 생각해 보지 않은 이가 없을 정도라 한다. 세상에 꿈이 없는 이가 어디 있을까. 이 나이쯤 되면 뭘 하고 있겠지, 번듯한 직장이 있겠지. 어릴 때부터 소박하게 가꾸었던 그 꿈은 사회에 발을 내딛는 그 순간부터 쨍, 하는 소리와 함께 금이 간다. 절대 그 꿈이 소박하지 않다는 것을 안 탓이다.

　나만 해도 그랬다. 변변찮은 인세에 목숨 걸고, 글 하나에 전념하지 못하고 가계를 위해 일을 한다. 여린 마음에는 생채기가 자꾸 생겨난다. 내가 짊어지고 있는 꿈은 한없이 무겁다. 하나, 둘 쌓이다 보면 결국 폭발해 울부짖지만 현실은 변함이 없다. 결국 다시 제자리다. 그래도 나 같은 경우는 내가 하고 싶은 일을 하는 거니 그나마 다행이다.

　현실까지 녹녹치 않은 경우가 문제다. 상처를 받은 여린 맘은 화를 삭이고, 분출되지 못한 화는 결국 극단적인 상황으로 치닫는다.

　사람은 나약하고 충동적이다. 이성을 놓는 순간, 그것은 폭풍처럼 그를 감싼다. 하지만 조금만 더 생각해 보라. 당신이 책임감을 가질 수밖에 없는 이유가 무엇인지.

　러시아의 대 문호 톨스토이의 『안나 카레니나』에 나오는 첫 문장에 귀 기울여 보자.

“행복한 가정은 모두 엇비슷하고 불행한 가정은 불행한 이유가 제각기 다르다.”

어떻게 생각하는가. 잘 나가는 집안은 걱정 없고 화목하게 잘 살지만, 안 되는 집구석은 별의별 이유로 불행해진다는 뜻이다.

진화생물학자 제레드 다이아몬드는 이 소설에서 착안, ‘안나 카레니나의 법칙’을 만들어 냈다. 흔히 성공에 대해 한 가지 요소만으로 할 수 있는 간단한 설명을 찾으려 하지만 실제로 어떤 중요한 일에서 성공을 거두려면 수많은 실패 원인들을 피할 수 있어야 한다는 것이다.

 해뜨기 직전이 가장 어둡다. 위로가 될지는 모르겠지만 당신의 불행은 언젠가 당신을 일으키는 원천이 될지도 모른다. 그런 불행이 없었다면 그 위대한 『안나 카레니나』는 만들어지지 않았을 테니.

# Fall In Love…. 동화를 현실로

'사랑'하면 무엇이 떠오르는가. 부드러움과 설렘, 따뜻함…. 그 감정을 사랑이 아닌 다른 어떤 것으로 대신할 수 있을까.

누군가를 온전히 사랑한다는 것은 자기를 완전하게 벗는 일이다. 완전하게 발가벗은 본래의 당신으로 돌아가는 것. 사랑에 빠진 연인들의 눈빛을 본 적이 있는가. 그들의 입 꼬리에 어쩔 수 없다는 듯 떠오르는 그 따스한 미소를 느껴본 적이 있는가.

삶을 산다는 것은 쉽지 않다. 하지만 나이가 들면서 사는 일보다 꿈꾸는 일이 더욱 두려워진다. 아니, 젊었을 때 가졌던 꿈이 무엇인지 기억조차 나지 않는다. 설익은 시간조차도 사랑할 줄 모르고, 아무것도 담아낼 수조차 없다. 무작정 믿고 꿈꾸던 시간들도 있었건만, 점점 마음은 좁아지고 상상은 땅으로 떨어진다.

어떤 이가 물어온 적이 있다. 언젠가는 끝이 날 그 허황된 감정에 왜 매달려야 하냐고. 감정이라는 것은 먹고 살 걱정이 없는 자들의 자만이고 사치라고.

하지만 당신은 두렵지 않은가. 당신의 삶과 할 수 있는 사랑을 잃어버리는 일들이. 세상을 살면서 느낄 수 있는 그 모든 아름다운 것을 아름답다고 느끼지 못할 일이 걱정되지 않으냔 말이다.

사랑만큼은 절대 놓치지 말아야 한다. 삶이라는 여행을 하는 동안 사람은 누구나 사랑을 한다. 누구를, 언제, 얼마나 오랫동안 사랑하는가는 중요하지 않다.

우리의 퍽퍽한 일상이 언제부터 시작되었는지 떠올려 보자. 우리는 언젠가부터 우리가 받게 될 상처에 대한 두려움을 가지기 시작했다. 끝에 대한 불안감, 깊이 숨겨 놓은 어두운 그늘, 쓰라린 아픔들. 여유와 사랑을 접어놓은 순간, 우리는 그것들을 벗어버릴 수 있었다. 하지만 그게 다일까.

당신이 사랑을 할 수 있다는 사실은 매우 중요하다. 그 감정, 그

설렘을 잊지 않고 살아가고 있다는 것이 아름다운 것이다.

죽어서 우리가 가지고 갈 수 있는 게 뭘까. 사랑이야말로 우리가 진정으로 '내 것'으로 소유하고, 간직하고, 떠날 때까지 가지고 갈 수 있는 유일한 것이다.

얼마 전 하늘을 보았다. 살면서 얼마나 자주 하늘을 보지 않고 살았는지, 얼마나 무심했는지. 푸르른 하늘에 담겨 있는 그 하얀 구름이 어찌나 낯설었는지 약속 시간이 늦은 것도 모르고 한참을 그 자리에 서서 올려다보았다.

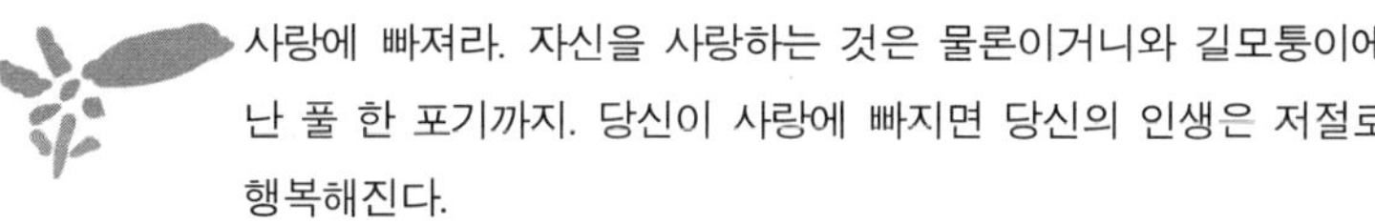 사랑에 빠져라. 자신을 사랑하는 것은 물론이거니와 길모퉁이에 난 풀 한 포기까지. 당신이 사랑에 빠지면 당신의 인생은 저절로 행복해진다.

# 운은 절대로 노력을 이길 수 없다

당신은 당신의 인생에서 얼마나 많은 노력을 기울이고 있는가?

자랑은 아니지만, 나는 한 번도 노력해 본 적이 없다. 내가 하고 싶은 일을 하면서도, 난 밤을 샐 의지도 가지지 못한다. 졸리면 자야 했고 피곤하면 쉬어야 했고 배가 고프면 먹어야 했으며 놀고 싶으면 나가 놀아야 했다.

학창 시절, 나는 늘 반에서 상위권에 들었다. 머리가 좋아서 그랬는지 많이 공부하지 않아도 늘 성적이 좋았다. 그것은 모든 면에서였다. 열심히 하지 않아도 무엇이든 '기본'은 했다. 글에서도 마찬가지였다. 어렸을 때부터 많은 책을 읽은 덕분에 노력하지 않아도 '잘 쓴다'는 소리를 듣고 살았다.

나는 자기 합리화에서 벗어나지 못했다. 나이가 들어서 직업을 가렸고, 몸이 약해서 피곤한 일을 하지 않았다.

하지만 안타깝게도 운은 절대로 노력을 이길 수 없었다. 경험을 쌓기 위해 여러 달 여행을 했다. 나는 자만했다. 내가 썼던 몇 개의 칼럼, 내 소설을 읽어주는 팬들이 날 기다리고 있을 거라고 생각했다. 하지만 내가 돌아왔을 때, 내 곁에 남이 있는 것은 아무것도 없었다. 밤이 되면 사람들이 떠난다는 기본을 잊고 있었던 탓이었다.

나의 밤은 꽤 길었다. 겨우 2개월이었지만 쉬고 있던 공백기는 컸다. 나는 물질적, 정신적 빈곤에 허덕였다. 가장 숨 막히는 건 오늘의 고민이 오늘로서 끝이 나지 않는다는 것이었다. 해결책은 없다. 나비효과를 불러들이기엔 난 너무 작은 벌레였다.

게을러서, 어이없을 만큼 스스로를 유기하고 그 사실에 또 화가 나 스스로 질문을 던졌다. 그때, 내가 깨달은 건 단 하나였다. 왜 난 내 삶을 단 한 번도 정면으로 마주보지 않았을까, 하는 것.

내가 당신에게 말하고 싶은 것은 단 하나다. 자기 합리화에서 벗어나라. 나이가 들어서, 취향에 맞지 않아서? 결코 아니다. 할 수 없는 것은 없다. 하지 않는 것뿐이다.

결점이 있는 사람은 결점을 감추기 위해 보통 사람보다 노력하지만, 부족함이 없는 사람은 그 자리에 머문다. 그 '노력'의 차이는 인생을 금세 바꿔버린다.

지난날 잘 나갔으면 뭐하나. 당신은 이미 노력과 용기를 잊고 있는데. 용기를 가지고 부딪쳐라. 당신의 가능성을 발견하고 악착같이 버텨라. 삶과 정면으로 맞붙어서 질 확률은 거의 없다.

당신이 당신의 삶을 간절히, 절실히 귀중하게 대할 때, 삶은 당신에게 보답한다. 나이가 들수록 체력은 떨어지더라도 정신력은 강해진다. 당신이 할 수 있는 모든 노력을 퍼붓는다면, 인생은 당신에게 문을 열어줄 것이다.

# 좀 vs 나프탈렌

좀 : 길이는 11~13㎜. 어둡고 습기가 있는 곳에서 서식하며 조금씩 가구를 갉아먹어 구멍을 만드는 습성을 가진 납작하고 작은 벌레.

우울하다. '우울'이라는 단어는 그 발음마저 우울해서 피하고 싶지만, 마음처럼 되지 않는다. 무력하고 새로운 느낌이 없다. 매너리즘에 빠져 허우적거리다 결국 자리에서 일어난다. 나쁜 생각은 꼬리에 꼬리를 물고 일어난다. 뭔가 획기적이고 파격적인 일이 일어났으면 좋겠다. 지독하게 바싹 마른 건조함에 지쳐만 간다.

당신의 삶을 조금씩 갉아먹는 '좀'을 찾으라면 단연 부정적인 당신의 마인드를 지적하겠다.

'안 되면 어쩌지?' 하는 생각을 가진 사람과 '잘 될 거야. 걱정 없다구' 하는 생각을 가진 사람 사이에는 엄청난 차이가 있다. 당신이 생각할 때, 잠재의식은 즉각 반응을 나타낸다. 당신은 실제로 당신 이익을 거부하고 한계, 좌절 등을 자신의 생활 속으로 불러들이게 되는 것이다.

이것이 바로 잠재의식의 힘이다. 세계 최고의 동기부여가 폴 J. 마이어는 "당신의 마음속에 선명하게 그림을 그린 후에 열렬히 소망하고, 깊이 믿고, 그것을 위해 열의를 가지고 행동하면, 어떤 일이라도 실현된다"고 했다.

무슨 일이나 '글쎄'를 연발하는 소심한 사람이 상사에게 환영받을 리 없고 결과적으로 직장에서 성공할 리도 없다. 부정적으로 말하는 습관은 주위에 있는 모든 사람들에게까지도 실패와 위기의식을 불어넣는 위험한 화술이기 때문이다.

'oo하면 안 되나요?'가 아니라 'oo해도 되죠?' 하고 물어라. 부정적 의사 표현은 상대방에게 우선적으로 거부감을 심어준다.

이는 화술에서만 통용되는 것이 아니다. 긍정적인 마음은 한 사람이 인생을 성공적이고 행복하고 자신감 넘치게 살아나갈 수 있도록 끊임없는 활력을 안겨준다.

잠재의식 활용법이란 아주 단순하다. 의식을 통해 상상하고, 생생하게 그리는 것이 잠재의식의 움직임을 이끄는 통로가 되는 것이다. 당신이 자동차를 갖고 싶다면 날마다 그것을 의식적으로 간절히 원하라. 그러면 당신은 어떤 식으로든 자동차를 가질 수 있을 것이다.

골퍼 아놀드 파머는 볼을 치기 전에 볼이 어떤 코스로 날아갈 것인가를 늘 머릿속에서 그려본다. 그렇게 하면 볼을 칠 때 신체가 저절로 그 코스를 날도록 움직여 미스기 거의 발생하지 않는다는 것이다.

또한 무하마드 알리는 시합 전에 언제나 "나는 이긴다. 나는 세계에서 제일 강한 복서다"라고 단언하곤 하였다. 당연히 그가 세계 최강의 복서로서 그 지위를 지속할 수 있었던 것은 순전히 신념의 힘을 이용했기 때문이다.

 당신의 선택은 어떤 것인가? 당신만의 나프탈렌으로 당신의 정신을 갉아먹는 '좀'벌레를 없애라. 눈을 감았다 뜨면서 생각하라. '그래, 이제부터 내 마음을 바꾸자'라고.

# 완행열차를 타라

나는 흐름이 빠른 인간이 못 된다. 사람들의 빠른 걸음 속에서도 내 걸음은 유유자적하다. 하루에도 수십 번 하늘을 바라보고 사람들을 구경하는 데 시간을 보내기도 한다. 그것은 내 생활에 있어서도 마찬가지다.

지인 중 한 분이 나처럼 걸음이 느리다. 그녀는 이야기한다. 남들보다 느리다고 해서 해야 할 일을 못하지는 않는다고 대신, 일찍 하지 못하는 만큼 더 오래 살면 되지 않냐고 하여 웃음을 터뜨린 적이 있다.

달이 찼다 기우는 데는 한 달이 걸린다. 벼는 여름의 폭풍에 견디고 가을의 뙤약볕에 그을려 지나온 시간만큼 속을 채운다.

한 번씩 이렇게 ‘빠른’ 생활에서 벗어나고 싶다는 생각을 한다. 나는 피곤함을 많이 느끼는 사람이기 때문에 그 과속에 따라갈 수가 없기 때문이다.

혹자는 나태가 아니냐며 비난도 하겠지만, 나태와 느림은 분명 다르다. 느림은 삶의 매 순간을 느끼기 위해 속도를 늦추는 선택이다. 천천히 걸어가며 보는 풍경이 아름다움을 주는 법이다. 완행열차는 느리게 가기에 풍광을 즐길 수 있지 않는가.

한국인의 ‘빨리빨리’는 먼 배경을 가지고 있다. 1940, 50년대 시절, 한반도에 살던 사람들은 국제 사회에서 열등민족으로서 푸대접을 받았다. 여러 안 좋은 이야기도 많았지만 게으른 민족이라는 낙인이 가장 대표적이었다. 우리 민족은 암울한 시기에 망국의 빈곤한 백성으로 아무것도 하지 못하고 그저 흰옷을 입고 집 밖에 나와 앉아서 우두커니 시간을 보내는 것이 다였으니.

여기에 더해서 교활한 일본인들이 붙여준 낙인이 더 큰 역할을 했다. 일본인들은 식민 통치를 위해 한민족을 열등민족으로 자학하게 만들어서 일본 민족의 통치를 받아야 한다는 인식을 부지불식간에 한민족 사이에 심어주려고 했던 것이다.

사실 일제 강점기 때의 이런 인식은 해방이 되어서도 한국인 머릿속에 깊이 남아 있었다. 그 후, 1970년대의 경제 개발, 그것이 민족 사이에 불같이 일어나며 한국인들은 죽을 둥 살 둥 뛰었고 세계의 인식은 달라지기 시작했다. 그러면서 많은 외국인으로부터 일본인을 게으르게 보이게 만드는 유일한 민족이라는 찬사도 받으면서 드디어 선진 열강의 문턱의 입구까지 도달하게 되었다.

이제는 그만 숨을 돌릴 때도 되지 않았을까. 그것을 증명이라도 하듯, '느림'은 곧 '나태'라는 의식이 사라지며, '느림'이라는 부정적인 주제에 '미학'이라는 긍정적인 가치를 부여하여 다른 시각이 등장하기 시작했다. 빠름의 스트레스에 사람들이 지쳤다는 것을 알려주는 단적인 예가 아닌가 싶다.

느림을 대표하는 동물이 하나 있다. 그것은 남미에 사는 나무늘보로 50~60센티미터 정도의 크기이다. 그 동물은 네발이 달렸지만 지상에서는 살지 않는 매우 독특한 동물이다.

이 동물은 나무에 살더라도 '나무 위'에 사는 것이 아니라 '나무 아래'에 산다. 커다란 발톱으로 나뭇가지를 깍지 껴 껴안고 거꾸로 매달려 사는 것이다. 그런 자세로 밥도 먹고 사랑도 하고 새끼도 낳는다. 출산하다가 가끔 아기를 떨어뜨리기도 한다. 태어난 아기를 거꾸로 매달린 상태에서 데리고 키우는데 새끼가 그만 그 불안한 자세 때문에 땅에 떨어지기도 한다. 그러나 새끼들은 땅에 떨어져 충격으로 죽는 확률보다도 새끼를 주우러 땅에 내려오는 것을 귀찮게 여기고 자식의 재난을 모르는 척해 버리는 어미의 게으름으로 죽는 경우가 더 많다.

이 동물은 걱정이 없다. 잠을 자지 않을 때도 그저 꼼짝을 하지 않고 있지만 또렷한 눈동자로 주변을 부지런히 훑어본다. 게으르더라도 산 생명체로 볼 것은 다 보고 생각하고 그런 대로 인생은 나름대로 즐겨보겠다는 생각인 보양이다.

한 번씩 주위에 늘 있던 것이 낯설게 보일 때가 있다. 그것은 당신이 걸음을 쉬어야 하는 경고가 아닐까.

빠름의 철학은 과정보다는 결과를 중시하고 느림의 미학은 결과보다는 과정을 중시한다. 빠름으로 닦달한 당신의 삶이 극도로 황폐해지기 전에 느림의 미학을 배워야 한다.

# 상실, 가슴으로 배우는 가장 큰 어려움

유대 격언에 '당신이 여러 결혼식장에서 춤을 출수록 여러 장례식 장에서 울게 된다'는 말이 있다. 시작을 많이 함께 할수록, 끝도 많이 맞이하게 된다는 뜻이라고

당신은 사랑하는 이를 얼마나 많이 가지고 있는가. 사랑을 시작함 으로 해서 배워야만 하는 어쩔 수 없는 감정, 그것이 상실이다.

『인생수업』에 다음과 같은 이야기가 있다.

한 심리학 전공 학생이 할아버지가 몹시 아프셔서 돌아가실까 봐 힘들어한다. 그는 학위 과정 마지막 해, 할아버지와 함께 시간을 더 많이 보내기 위해 휴학을 할 것인지 결정하는 게 힘든 일 가운데 하나라고 한다. 그러면서도 그는 학업 마지막 해인 지금 삶에 대해 무척 많은 것을 배우고 있었기 때문에, 휴학을 하지 말아야 할 것만 같다고 이야기한다.

당신이라면 그에게 어떤 말을 해주었을 것 같은가? 저자 엘리자베스 퀴블러 로스는 이렇게 이야기한다.

"당신이 진정 인간으로 성장하고 무언가를 배우고 싶다면, 세상이 당신을 상실이라고 하는 인생의 대학원 과정에 입학하게 했다는 것을 알아야 합니다. 지금 세상이 당신에게 살면서 겪게 될 상실과 이별이 갖는 의미를 가르쳐주기 위한 기회를 주고 있다는 걸 알아야 합니다."

머리끝까지 화가 날 이야기를 하나 하자면, 만약 당신이 현재 엄청난 상실을 겪고 있다면 그것은 당신이 삶으로부터 넉넉하게 축복받았기 때문이다. 물론 당신은 아주 힘들 것이다. 아무것도 할 수 없다는 무력감에 몇 날 며칠을 눈물로 지새울지도 모르고, 식음을 전폐할지도 모른다. 극과 극을 오가며 극단적인 생각까지 할 수도 있다.

하지만 분명한 건 그것이 모두 당신이 당신 자신을 치유하는 과정이라는 것이다. 시간이 지나면, 당신은 상실을 접어두는 방법을 배울 것이다. 당신은 성장한다. 상실을 겪음으로써 더 강해지고 온전해지는 것이다.

당신은 사랑하는 사람을 애초에 갖지 못하는 것을 택하겠는가, 차라리 그들을 가졌다가 잃는 쪽을 택하겠는가? 자신이 소중히 여기던 것과의 헤어짐은 가장 견디기 힘든 고통이지만, 우리는 알게 된다. 우리가 사랑하는 사람이나 사물을 우리가 바라던 방식으로만 소유할 수 없다는 것을. 그저 방식의 차이일 뿐이다. 이전까지와 다른 방식으로 그들을 만나는 것이다.

 상실은 삶이 우리에게 던지는 가장 어려운 배움 중 하나다. 하지만 이것은 이해하기 어려우며, 어쩌면 그래서 우리는 매번 상처를 받는지도 모른다.

# 당신의 배를 띄워라

얼마 전, 지인이 한 말이다.

"특별한 사람이 없어. 만나는 사람 모두 평범해. 나만을 위해주는 특별한 사람을 만나고 싶어."

그녀는 연인과의 관계로부터 많은 것을 꿈꾸고 있었다. 자신의 상처의 치유, 행복, 사랑, 안정, 만족, 공감, 우정…. 그녀는 그와의 관계가 모든 면에서 자신을 행복하게 해줄 것을 기대했다.

우리는 '연인'에게 생각보다 많은 것을 기대하고 바란다. 심지어 특별한 그 '연인'을 찾는다면 자신의 인생 자체가 반짝거릴 것이라 믿는 사람도 있다. 동화 속의 이야기다. 우리는 드라마 속의 주인공이 아니고, 백마 탄 왕자나 유리 구두에 발이 딱 맞는 여인은 이 세상에 없다는 뜻이다.

우리가 기대하고 바라는 완벽함은 누군가에게 갑자기 얻어지는 것이 아니다. 그것은 당신 자신이 스스로 만들어 내야 하는 것이다. 당신의 '연인'은 당신에게 조언을 해주고 따스함은 줄 수 있겠지만, 당신의 꿈을 이루어 주거나 당신을 부유하게 만들어 주지는 못한다. 만약 당신이 불행한 싱글이라면, 당신은 결혼한 후에도 변함없이 불행한 배우자가 될 것이다. 당신이 스스로 공허함 속에서 살아간다면, 결국 그 감정은 관계에서까지 움직이게 된다.

당신은 스스로를 사랑하는 방법에 대해 배워야 한다. 사랑할 누군가를 찾기보다는 사랑받는 방법을 찾아보라. 당신은 당신이 받고자 하는 만큼 사랑을 주고 있는가. 아니면 그저 사람들이 당신을 사랑해 주기를 바라는가.

니콜 키드먼에 대한 이야기를 하나 해보겠다. 그녀는 전 남편인 톰 크루즈와 헤어지기 전까지 배우보다는 스타의 예쁜 아내라는 평가를 받고 있었다. 그런데 톰 크루즈와 헤어진 후부터 오히려 그녀의 가치가 빛을 발하기 시작했다. 그녀가 더 빛난 이유가 무엇일까.

우스갯소리로 그런 말을 한 적이 있다. 똥파리가 날아 오냐, 나비가 날아 오냐는 자기가 어떤 음식이냐에 달려 있다고.

당신이 혼자 서 있더라도 당신은 멋진 사람이다. 당신 옆에 누군가가 서 있지 않더라도 당신은 좋은 친구고, 근사한 사람이라는 것이다.

앞에서도 언급한 바 있지만, 당신은 당신이기 때문에 특별한 존재라는 걸 항상 기억하라.

일에서 성공한 존재이든 그렇지 않든, 완벽한 짝과 결혼을 했든 독신이든 상관없이 당신은 완전한 사람이다. 외부로부터 무슨 일이 일어나길 기다릴 필요가 없다. 해결책은 사랑에 있지 않다. 결혼을 했든 안 했든 살면서 사랑을 더 원한다면 당신이 누리고 있는 삶과 사랑에 빠져라.

# 거꾸로 강물을 거슬러 오르는…

적응<sup>適應</sup> : 개체<sup>個體</sup>가 환경에 대하여 적합한 행동이나 태도를 취하는 것을 말하는 사회학 용어.

적응이라는 말처럼 편안한 말은 없다고 생각한다. 이미 환경에 익숙해져 있어 아무것도 생각지 않아도 되는 그 상태. 그것은 우리들이 가장 '안락함'을 느낄 수 있는 조건인지도 모른다.

'익숙함'에서는 '안정'하게 된다. 익숙지 않은 것은 불안하다. 그래서 우리는 새로운 것을 거부한다. 새로운 것은 도전이며 낯설음이며 불안함이다. 그 동안 갖고 왔던 안정감을 밑바닥부터 휘젓는 두려움이라는 것이다.

사람들은 변화를 즐기지 않는다. 우리는 변화를 통제할 수 없기에 피하고 두려워한다. 새로운 장소에 혼자 떨어지면 쭈뼛거리고 눈치를 보게 되며, 새로운 환경에는 적응할 때까지 가시를 세우고 경계를 하게 된다.

하지만 그것이 마음먹은 어떤 '과정'이나 '결과'라면 이야기는 다르다. 마음먹은 변화는 이해하고 받아들이기에 무리가 없다. 사람들은 갑작스러운 변화에는 불편함을 느끼고 염려하거나 불안해한다.

관성<sup>慣性</sup>은 물체가 운동의 상태를 유지하려는 경향을 이야기한다. 신기한 것은 갈릴레이와 뉴턴이 내린 이 규칙이 사람에게도 적용이 된다는 것이다. 사람은 예전 것으로 돌아가고자 하는 습성이 있다. 새로운 것에 맞추는 것보다 예전 것을 그리워하며 새로운 모습으로 변화하는 것을 두려워한다. 복고풍의 패션과 대중가요가 다시 유행하는 것도 그 때문이리라.

아날로그의 감성이 나쁘다는 것은 아니지만, 변화에 무조건 가시를 세우는 것은 어리석은 짓이다. 시행착오를 겪더라도 이렇게도 해보고, 저렇게도 해보는 수밖에 없다. 자신의 관성을 거스를 필요가 있다는 것이다. 어떻게든 시도를 하여 거꾸로 올라가는 도전을 한 번은 해봐야 하지 않을까.

우리가 그것을 좋아하든 싫어하든 변화는 발생하기 마련이고, 삶에서 마주치는 대부분의 일처럼 그저 일어나는 것일 뿐, 유독 우리에게만 닥치는 것은 아니다.

변화는 오래되고 익숙한 상황에 대해 작별 인사를 하고 새롭고 낯선 상황을 맞이하는 것이다. 우리가 불안해하는 것은 새로운 것에 익숙해지기까지 필요한 시간이다.

안정된 것에서 벗어나는 새로운 시도가 마냥 반가운 사람은 세상에 없다. 세상에 대한 두려움도 크고 불안감도 적지 않다. 하지만 고정되고 익숙한 풍경에서 당신이 찾을 수 있는 것은 과연 무엇인가?

맥아더 장군은 "지난해에 자신의 관심 분야에 무언가를 추가하지 않았다면, 여전히 과거 사고방식을 지니고 똑같은 경험만 되풀이하고 있다면, 여전히 예측 가능한 반응으로 일관한다면, 당신은 죽어 있는 인생을 사는 것이다"라고 말한다.

변화는 짜릿함을 동반한다. 편안한 것은 아무런 자극이 되지 못한다. 새로운 것에 대해 떨리는 맘으로 기대하고, 그리고 그 불안함에서 오는 약간의 스트레스는 오히려 활력소가 된다.

앞서 〈당신의 별을 찾아라〉에서도 얘기했던 경우처럼, 무미건조한 생활의 지속은 오히려 우울함을 느끼게 만든다. 즐거운 것은 없고 원인 모를 슬픔만 먹먹하게 가슴속에 차오른다.

늘 생각한다. 이 세상을 뜨는 날까지는 쉬고 싶지 않다고 내 뇌는 새로운 도전에 설레어 움직일 것이고, 내 열정은 그 설렘에 펄떡거릴 것이라고.

무엇을 하는 데 있어서 나이나 성별, 환경, 여건은 아무런 문제가 되지 않는다. 물론, 모든 것이 갖춰졌다면 좀 더 낫겠지만, 인생 전부를 놓고 볼 때 어떤 일을 시작하는 데 늦었다는 시기는 절대 없다.

# 모든 이들에게 하루가 24시간인 것은 아니다

　아침 7시 기상. 오전 9시까지 출근. 오후 12시 점심시간. 오후 7시 퇴근.

　우리가 움직이는 것의 기준은 시간이다. 우리는 시간의 흐름에 따라 살고 흐르는 시간 속에서 살며 시간이 흐르면 죽음을 맞이한다. 시간에 맞춰서 사람을 만나고, 시간에 맞춰서 일을 하며, 시간에 맞춰서 휴식을 취한다. 이렇듯 시간은 우리의 삶에 깊숙이 관여하고 있다.

　19세기 중반 이전에는 시간을 현재처럼 정확하게 알지 못했다. 기차 여행이 시작되고부터 시간은 정밀해졌다. 1883년 미국과 캐나다의 철도 회사들은 북미 대륙을 네 개의 표준 시간대로 나누는 체계를 도입했는데, 그것이 지금도 사용되고 있는 것이다. 그 당시 일부 사람들은 그 계획을 도가 지나치다고 여겼다. 시간대를 나누고 표준 시간을 정한다는 것이 신성모독이라고 여긴 것이다.

하지만 현재는 손목에 시계를 차고 시간을 맞춘다. 회의나 식사, 영화 또는 다른 여러 약속 시간에 맞추기 위해서다. 사람들과 교류하며 여러 가지 일을 하고, 함께 어울리기 위해서는 어쩔 수 없는 일이다. 미국에는 '국가 공인 시계'가 해군 천문대에 있다. 공식적인 시간을 기록하는 역할을 하는 기계다.

이처럼 우리는 시간을 절대적인 것으로 받아들이기도 하고 상대적인 것으로 구분하기도 한다. 시간은 우리가 부여하는 만큼의 의미와 가치를 지닌다. 남자와 여자가 극장에서 영화를 함께 보고 있다고 가정해 보자. 그들은 같은 영화를 보고 있는 중이고, 그 영화는 100퍼센트 여자의 취향이다. 여자는 영화가 너무 빨리 끝나는 것에 아쉬움을 토로하지만, 남자는 지겨움에 하품을 하고 몸을 뒤튼다. 두 사람은 영화가 오후 5시부터 7시에 끝났다는 것에 동의한다. 하지만 둘은 그 두 시간 동안 겪은 시간의 흐름에 대해서는 이견을 가진다. 사람은 시간을 저마다 다르게 경험한다. 시간의 가치는 개인의 인식에 따라 달라지기 때문이다. 같은 시각에 일을 시작하고 마치는 것이 다가 아니다. 시간은 모두에게 똑같이 주어지지만, 이해하는 것은 모두 다르다.

 당신에게 시간은 어떤 가치를 지니고 있는지? 당신의 하루는 싫은 영화를 보는 남자처럼 지겨운가, 좋아하는 영화를 보는 여자처럼 아쉬운가.

# 늦었다고 생각할 때가 가장 빠르다

이 말은 내가 궁금해 하는 말 중 하나다.

"지금 이 나이에 뭘 하겠어."

상대가 나에게 이렇게 말을 건네면 나는 늘 그에게 되묻는다.

"그럼 그 나이엔 뭘 해야 하는데?"

사람들은 이상할 정도로 '나이'에 집착한다. 나이가 들어서 못해,
시작하기엔 너무 늦었어, 이 나이에 그걸 어떻게 해….

내가 대학을 다닐 때 우리 과에는 40대 중반의 여성이 있었다. 여

러 과가 함께 수업 받는 교양 과목이라도 들을 때는, 큰 강의실 안의 마흔 명 남짓한 눈들이 모두 그녀에게 꽂혔다. 하지만 그녀는 늘 당당했다. 내 힘으로 내 꿈을 이뤄보겠다는 데 누가 뭐라고 할 것이냐, 하는 것이 그녀의 이야기였다.

물론, 인생은 혼자 사는 것이 아니다. 그러기에 다른 사람의 눈 속에서도 자신의 걸음을 묵묵히 옮기기란 어려운 일일지도 모른다. 하지만, 남들보다 조금 늦게 달린다고 해서 포기하는 것보단 느린 걸음이라도 옮기는 것이 더 낫지 않을까? 인생은 누가 빨리 달리는 것이 중요한 것이 아니라 누가 끝까지 완주하느냐가 중요한, 마라톤이니까.

미국의 여류 화가 모제스는 열두 살에 남의 집 고용살이를 시작했고, 스물일곱 살에 농부와 결혼하여 농사일을 하면서 평생 십 남매를 길러낸 평범한 가정주부였다. 남편이 세상을 떠난 후, 그녀는 비로소 자신의 꿈을 이루기 위해 그림을 그리기 시작했다. 그때 그녀의 나이는 일흔다섯이었다.

그녀는 치열한 열정으로 그림을 그려 5년 후인 여든 살에 뉴욕에서 첫 개인전을 열었다. 그리고 그녀는 백한 살에 타계할 때까지 무려 1,600여 점의 작품을 남겼다.

그녀뿐만이 아니다. 프랭클린은 여든 살이 되어서야 미국 헌법의 초안을 완성했고, 에디슨은 예순일곱 살 때 연구실에 불이 나 잿더미가 되었는데도 웃으며 다시 실험을 시작했다.

어떤 일을 하든 두려워하거나 망설일 필요는 전혀 없다. 조금 늦었다면 두 배, 세 배 노력을 하면 된다. 커다란 숲도 작은 씨앗 하나부터 시작되었다. 당신의 작은 걸음은 당신의 인생을 바꾼다. 우리가 아는 가장 유명한 속담도 있지 않은가. 늦었다고 생각될 때가 가장 빠른 법이라는.
두 배, 세 배 하는 노력이 쉽지 않은데 어떻게 하냐고? 그 정도 각오도 없다면, 당신이 가진 꿈은 '꿈'이 아니라 '환상'일 것이다.

# 당신은 '하나'지 '여럿'이 아니다

광고 중 그런 내용이 있었다. 정확하게 기억은 나지 않는데, 모두가 '아니오' 하고 이야기할 때 '예'하고 이야기할 수 있는 소신을 가지라는 내용이었던가. 그 광고는 엄청난 붐을 일으켜 수많은 패러디가 등장할 정도였다. 그렇게 그 광고의 카피가 수면 위로 떠오를 수 있었던 이유는 바로 '군중심리' 덕분이었다.

군중심리란 웃기게도 사람을 바보로 만드는 특성을 가지고 있다. 혹자는 다수결의 원리라고 이야기할 수 있겠지만, 나는 감히 그것이

'다수의 횡포'라고 이야기하겠다.

군중<sup>혹은 다수</sup>은 의견이 맞지 않는 사람을 소외<sup>왕따</sup>시킨다. 그 속에서 개인의 비판과 의식은 튀려는 행동으로 판단되고, 그는 곧 '적군'이 되어 화살을 맞는다. 대표적인 예로 중세시대 때 행해졌던 '마녀 사냥'을 들 수 있다.

조직은 개인이 튀는 것을 싫어한다. 그것은 우두머리<sup>상사</sup>의 의도대로 군중이나 조직을 이끌고 갈 수 없다는 것을 의미하기 때문이다.

하지만 당신은 의식을 가지고 있는 '개인'이다. 당신은 하나지, 절대 여럿이 될 수 없다. 그 누구도 당신의 의식을 대신해 줄 수 없다는 의미다.

동남아나 유럽 등지에서는 한국인 고객이 소위 '봉'이다. 한국인들이 한번 지나갔다 하면 물건을 싹 쓸고 다닌다는 것이다. 이태리에서는 한때 유명 의류나 가방 가게의 가장 큰 고객이 한국인이었고, 태국에서는 웅담이나 뱀을 파는 음식점 앞이 한국인 여행객들로 문전성시를 이루었고, 중국의 한약방에 줄지어 찾아가는 한약재를 동내고 오는 것도 한국인이었다.

우리는 개인적인 행동보다는 다른 사람을 먼저 생각하고, 다른 사람의 의견에 더 비중을 두는 환경에서 자랐다. 그래서 어떤 일을 결정하거나 결론을 내릴 때 개인적인 의견보다는 타인의 생각에 더 영향을 받게 된다.

생각해 보면, 우리나라 사람들의 군중심리는 무서울 정도로 대단하다. 지난 2002년 월드컵 당시, 거리를 뒤덮은 그 많은 인파는 붉은색의 물결을 이룰 정도로 장관이었다. 월드컵은 우리나라의 축제였다. 그래서 모두 잔을 손에 들고 박수를 쳤고 춤을 췄다.

하지만, 도로와 인도가 구분되지 않는 사람들의 행렬, 버스 위에 올라가 엉덩이를 흔들던 사람들. 누군가의 불만이 쏟아지면 사람들은 그를 '나라를 사랑할 줄 모르는 자'로 만들었다. 그들은 정말 축구에 대해 그리도 많은 애정을 가지고 있었을까, 한 번씩 궁금할 때가 있다. 한국 팀의 대표 선수들은 누구였는지, 축구의 룰은 어떤지, 감독과 코치의 역량은 어떠한지 등에 대한 기본적인 것을 알고 있었을까?

많은 사람이 행하는 스타일이 가장 멋을 잘 부리는 스타일이고, 많은 사람이 행동하고 답하는 것이 정말 가장 바른 생활 양식일까? 당신은, 얼마나 당신의 목소리를 키울 수 있는가. 당신의 볼륨을 조금 더 키워라. 세상은 그 여러 가지 목소리들로 움직일 때 더 살맛이 난다.

# 미술시간, 색을 칠하자

사람은 눈, 코, 입을 가지고 있다. 하지만 그 모두의 생김새가 같은 것이 아니다. 모두 다른 생김생김과 생각을 가지고 있다. 당신은 당신만의 '색'을 가지고 있는 것이다.

성공한 사람들은 자신의 색깔을 찾는 데 시간을 아낌없이 투자한다. 그들의 성공 요인은 자신의 색깔을 유감없이 표출하는 것에 있었다.

올바르게 자기 자신이 되는 것은 쉽지 않다. 획일화된 우리나라의 교육이 가지고 있는 가장 큰 문제점이 몰개성화이다. 그 흐름에 쓸리게 되면 당신은 사라진다. 개성의 색깔은 잊어서는 안 된다. 개성이야말로 당신을 중요한 존재로 만드는 유일한 근거가 된다.

자신의 색을 모르는 사람이 참 많다. 타인에게 자신의 색을 맡겨버리는 이도 있다. 우리의 색은 여러 가지 이유로 조금씩 희미해져 결국 제 빛깔을 잃게 된다.

움베르토 에코의 『장미의 이름』을 보면 "세상의 아름다움이란 수많은 다른 다양한 것들이 서로 조화를 이루는 것이다"라는 글귀가 있다.

물론 살아가다 보면 자신의 닮고 싶은 사람도 있을 수 있고, 다른 이의 조언도 큰 역할을 할 수 있다. 하지만 중요한 것은 자신만의 색을 내는 것이다. 자신만이 가진 독특한 개성을 분명히 내보일 수 있는 것.

당신은 '당신'이 되기 위하여 얼마나 노력했는가? 모든 고민은 당신이 '당신다움'을 포기하고 무엇인가를 닮아가기 위한 억지스러운 몸부림에서 시작되는 것인지도 모른다. 모방 역시 결국은 자신의 색을 찾아가기 위한 과정인 것이다.

트루컬러라는 말이 있다. 우리 안에는 컬러 스펙트럼이 있는데, 이 중 가장 많은 부분을 차지하는 것이 자신을 지배하는 컬러, 즉 트루

컬러이다. 두 번째 컬러 역시 첫 번째 컬러만큼 중요하다. 첫 번째 컬러는 내면에 묻어두고 두 번째 컬러를 외면에 내세우고 살아가는 사람도 상당수 있기 때문이다. 세 번째 컬러는 평소에 잘 드러나지 않으나 필요한 상황에서 나타나는 컬러다. 네 번째 컬러는 본질적으로 자신에게 부족한 컬러다. 있는지조차 잘 알 수 없는 내면인 것이다. 당신은 당신의 컬러를 이미 알고 있는지?

복잡 미묘하고 기묘하게 뒤섞이는 색의 혼합 속에서 자신의 색을 잡아낼 수 있는 것은 쉬운 일이 아니다. 그러기에 자신만의 색을 잃지 않고 산다는 것은, 아니 자신의 색깔을 세대로 발견할 수 있다는 것은 자신의 존재감을 분명히 가지고 산다는 말이다.

개성이 당신의 이야기에 힘과 진실성을 번뜩이게 하는 불꽃이 된다. 그것은 당신을 이루는 유일한 '증거'가 되는 것이다. 자신의 독자성을 잃어버리는 잘못은 절대 저질러서는 안 된다. 틀에서 벗어나 붓을 쥐어라. 당신의 색은 지금도 희미해지고 있다.

 요시다 슈이치의 '7월 24일 거리'에 나오는 구절이다.
다시 재회한 여자 주인공에게 남자가 묻는 말은…,
"자신의 색이 무슨 색이라고 생각하나요?"

# 카르페 디엠<sup>carpe diem</sup>

영화 '죽은 시인의 사회'를 보면 키팅 선생이 학생들에게 외치는 말이 있다.

"카르페 디엠<sup>carpe diem</sup>."

이 말은 '현실을 잡아라'는 의미를 가지고 있다.

우리는 희망적인 미래를 바라보며 살아간다. 오늘보다 나은 내일을 기대하고 기다린다. 그렇게 시간을 보내고 난 후 우리는 생각한다. '그 날은 도대체 언제 오는 거지?'

"10년 뒤 겨울, 난 당신을 찾아오겠습니다."

행복이라는 놈이 꿈에 짠, 하고 나타나서 미리 예고를 해주고 간다면 얼마나 좋을까. 안타깝게도 행복은 자신의 존재를 알리지 않는다. 슬며시 나타나 어느 샌가 옆에 떡하니 버티고 있는 것이다.

기쁨은 당신이 노력하지 않아도 절로 느낄 수 있다. 하지만 행복은 그렇게 쉽게 느껴지는 놈이 아니다. 행복이라는 놈은 속이 좁아 당신이 자신을 발견해 주지 않으면 그대로 슬며시 사라지는 것이다. 이미 당신 주위에는 행복이 자신을 알아달라고 소리 지르고 있을지도 모른다.

우리를 둘러싸고 있는 걱정과 불안, 두려움이 일어나는 이유는 바로 그것이다. 당신이 이미 찾아온 행복을 등져버리고 저 멀리 있을지도 모르는 '행운'을 꿈꾸기 때문이다. 만약 그 행운을 당신이 갖는다고 해서 당신이 행복해질까? 천만에. 당신은 더더욱 멀리 있는 '환상'을 기다리게 될 것이다.

우리는 조금 더 만족한 삶을 꿈꿀 수 있는 존재다. 그 대가로 우리가 받은 것은 걱정과 근심이다.

P씨는 중소기업의 사원으로 일하고 있다. 그에게는 여우 같은 부인과 토끼 같은 자식이 있다. 부인은 현명하고 어질며, 아이들은 특별한 사고 없이 잘 자라주고 있다. 다달이 월급도 규칙적으로 들어오고

경제적으로 힘든 점도 없다. 하지만 P씨는 늘 불만스럽다. 자신의 이름으로 된 집을 가지지 못했기 때문이다.

누구나 걱정을 가지고 있다. 앞을 내다볼 수 없는 미래에 대한 불안감은 이따금 우리를 무겁게 짓누른다. 하지만 그렇게 고민한다고 해서 뭐가 달라지겠는가. 현실은 우리의 바람대로 무작정 바뀌는 것이 아닌 것을.

우리는 어제를 견뎠고, 오늘을 참았으며, 내일을 기다린다. 행복은 당신의 삶에서 '특별한' 것이 아니다. 우리는 내일 행복해지기 위해 살지 말고 오늘 행복하게 살아야 한다.

*"If you listen close, you can hear them whisper their legacy to you, Go on, lean in. Listen. You hear it? Carpe, Carpe. Carpe Diem. Seize the day boys. Make your lives extraordinary."*

*가까이 다가와 보렴, 그들의 속삭임이 들릴 것이다. 들리니? 카르페, 카르페, 카르페 디엠. 현재를 즐겨라. 인생을 독특하게 살아라.*

*- 영화 '죽은 시인의 사회' 중에서 -*

# 걱정거리를 날리는 마법의 공식

요즘 세상이 우울하다. 연일 달갑지 않은 소식들이 귀에 들려온다. 뉴스를 접하거나 신문을 펼치기가 무서울 지경이다. 무엇이 우리를 그토록 슬프게 하는 것일까?

모든 사람은 근심을 안고 살아간다. 걱정은 제각기 다른 방식으로 사람들을 찾아간다. 검은 손을 뻗치는 그 옥죄임에서 벗어나고 싶다는 생각이 간절하다. 내가 이야기하려는 것은 그것을 날려버리는 마법의 공식이다.

에어컨 제조회사인 캐리어사의 사장 윌리스 H. 캐리어는 걱정대처 기술을 고안해 냈다. 1단계는 상황을 명확하게 분석한 다음 그 실패의 결과로 일어날 수 있는 최악의 상태를 예측한다. 2단계는 최악의 상태까지 감수하기로 결정한다. 마지막 3단계는 받아들이기로 결정한 최악의 상태를 조금이나마 완화시키기 위해 대책을 강구한다.

어떤가? 아니, 어떻게 이런 방법이! 자신도 모르게 환호성이 튀어 나오는가?

당신은 지금 코웃음을 치고 있을지도 모른다. 이런 말은 나도 하겠다, 그딴 것쯤은 나도 아니 보다 실존적인 방법을 내봐 하며 화를 낼지도 모르겠다. 하지만 당신을 위해 내가 할 수 있는 게 뭐가 있겠나. 나는 당신이 누구인지도, 당신의 문제도 아무것도 알지 못하는데.

윌리스 H. 캐리어가 고안한 이 방식은 가장 현실적인 방법이다. 걱정의 나쁜 속성 중 하나가 집중력을 떨어뜨려 결단력을 없애는 것이다. 윌리스 H. 캐리어는 시야를 밝게 만드는 방법을 제안한 것이다. 현실을 직시하여 문제에 집중하라는 의미다.

카네기의 『이렇게 인생을 열어 나가라』에는 이런 사연이 나온다.

매사추세츠 주 윈체스터 시에 사는 알 P. 헤이니는 위궤양의 심화로 병원을 찾아갔다가 불치병이란 진단을 받게 된다. 수개월을 병원에서 지내던 그는 죽을 날을 기다리기보다는 남은 날을 최대한 잘 살아봐야겠다는 생각에 세계 여행을 떠난다. 여행을 하는 중에 죽을지도 모르기 때문에 관도 함께였다. 그는 모든 걱정을 잊고 모험에 짜릿한 흥분까지 느끼며 여행을 즐긴다. 여행이 끝난 후 그는 90파운드나 늘어 있는 자신의 몸무게를 확인한다. 그리고 그는 관은 장의사에게 도로 팔고 사업에 복귀한다. 그는 무척이나 건강한 상태였다.

헤이니는 윌리스 H. 캐리어의 공식을 실행했다. 1단계 최악의 상황은 죽음이었다. 그는 2단계로 최악의 상황을 받아들였다. 남겨진 짧은 시간을 될 수 있는 대로 즐겁게 보냄으로써 사태를 보다 나은 방향으로 이끌자는 것이었다. 그는 이야기한다.

"만약 자신이 배를 타고 난 뒤에도 고민하기를 계속했더라면, 관 속에 누워서 시체로 돌아왔을 것이다. 그러나 나는 온갖 번민을 모두 잊고 지냈다. 이와 같은 정신의 안정이 나에게 새로운 에너지원을 주었으며, 그것이 내 목숨을 건져 준 것이다."

너무 해피엔딩이라고? 주저앉아 마냥 걱정만 하는 것보다 훨씬 건설적인 방법 아닌가.

 당신이 아무리 머리를 싸매고 걱정을 하더라도, 현실은 당신을 동정하여 자신의 모습을 바꾸는 일은 하지 않는다. 그 상황 속에서 대책을 찾아라. 하늘이 무너져도 솟아날 구멍은 있다.

# 끌어당김의 법칙

원하는 것을 간절히 구하고 그것이 이루어질 것이라 믿는다면, 당신은 당신이 원하는 것을 얻을 수 있을 것이다.

당신은 당신이 원하는 것을 얻기 위해 얼마나 노력하는가. '마인드 컨트롤$^{mind\ control}$'은 '정신을 지배한다'는 뜻으로, 자신의 정신을 스스로 조절한다는 의미를 가지고 있는 개발법이다. 당신이 진심으로 바란다면, 그것은 어떻게든 이루어진다는 의미다.

당신은 '끌어당김'이라는 말을 들어봤는지?

우주의 가장 위대하고 원초적인 힘이 바로 이 '끌어당김의 법칙'이다. 당신이 원하든 원하지 않든 당신이 생각하는 모든 일은 당신에게 이루어진다. 그것은 '좋거나 나쁘거나'의 문제가 아니다. 끌어당김의 법칙이라는 것은 우리 개개인의 문제에 귀를 기울이지 않기 때문이다.

당신이 늦잠을 잤다고 가정해 보자. 버스에 오른 그 순간부터 당신은 손목시계를 살피며 초조해한다. 지각을 하지 않기 위해 당신은 혼자 조급해하고 짜증을 내며 간절히 생각한다.

'지각을 하지 않아야 할 텐데.'

그날따라 도로 상황은 당신의 기대와 다르게 흘러간다. 버스는 신호마다 걸리고, 평소엔 순탄하던 도로는 초보 운전 딱지를 붙인 자동차 때문에 교통 지체가 일어난다.

여기서 당신의 엄청난 힘이 발휘되는 것이다. 무언가에 대해 불평하면 할수록, 끌어당김의 법칙에 따라 그 불만스러운 일이 당신에게 더 많이 나타나게 된다. 이 법칙은 당신이 집중하여 생각하는 대상을 당신에게 정확하게 되돌려 준다. 이것을 바꾸어 이야기한다면, 당신은 당신이 원하는 대로 상황을 만들 수 있다는 것이다.

당신의 주위에 벌어지는 모든 일은 당신이 끌어당긴 일이다. 쉽게 말하자면, 당신은 하나의 자석이다. 당신이 바라는 것들은 당신의 힘에 이끌려 서서히 다가오게 된다. 이것이 바로 '성공한 1퍼센트 사람이 알고 있는 비밀'인 '끌어당김의 법칙'이다.

당신은 무엇이든 바꿀 수 있다. 윈스턴 처칠은 "당신은 살아가면서 자신의 우주를 창조한다"고 말한다.

그것은 어려운 방법이 아니다. 당신이 원하는 것을 결정하고, 그것이 이루어질 수 있다고 믿는 것이다. 그런 뒤에 눈을 감고 그 소망이 이루어졌을 때의 감정을 상상하며 고마워한다. 그 후에는 그 소원을 잊어버리는 것이다. 그럼 당신의 소원은 이루어진다. 당신이 가장 많이 생각하고 집중하는 대상이 삶에 나타나는 것이다.

 당신은 당신의 미래를 얼마든지 멋지게 만들 수 있다. 이 얼마나 멋진 이야기인가. 당신은 창조자다.

# 여유의 미학

　영국 국도의 상당 부분은 마차 두 대가 서로 비껴 지나갈 수 있을 정도의 옛날의 좁은 길이 그대로 이용되고 있다. 만약 차 두 대가 동시에 통과할 수 없는 상황이 되면, 반대 방향에서 차가 다가오는 것이 보일 때 이쪽에서 진행하던 차는 미리 정차하여 그 차가 빠져나갈 때까지 기다려 주어야 한다.

　또한 도로가 만나는 지점마다에는 라운드어바웃<sup>roundabout : 로터리</sup>이라는 원형으로 된 도로가 교차로를 대신하고 있다. 라운드어바웃<sup>roundabout</sup>

이란 '빙 돌아서 간다'는 뜻이다. 이름에서도 알 수 있듯이 동서남북에서 모여든 차들은 신호등의 표시 없이도 원하는 방면의 도로로 빠져나간다. 기다림과 양보가 없어서는 안 되는 곳이다. 우리나라에서도 라운드어바웃 시스템을 도입한 곳이 있었는데 사고가 잦아 폐쇄되었다.

생각만 해도 어지러울 듯한 상황임이 분명하지만, 그곳에는 질서가 존재한다. 그들은 먼저 가게 해주어 미안하고 고맙다고 인사를 하고, 기다렸지만 괜찮다고 웃어 보인다.

먼저 지나가던 운전자가 다른 운전자에게 창문 밖으로 엄지손가락을 치켜세워 들어보이자, 다른 운전자는 괜찮다는 듯 오른손을 가볍게 들어 표시한다. 먼저 지나가라는 표시는 전조등을 상향등으로 하여 잠시 켰다 끄는 것이다. 우리나라에서는 이른바 쌍 라이트라 불리며 위협 운전을 할 때 사용되는 방식이 영국에서는 오히려 양보의 표시인 것이다.

말이나 글, 몸짓이 사람의 마음을 전부 표현할 수 있는 것은 아니다. 그러나 사람들과 부딪히며 살아가는 세상에서 솔직하게 자신의 마음을 표현할 수 있다면 세상의 온기는 더없이 부드러워질 것이다.

몇 년 전, 일 때문에 만난 분의 차를 타고 집으로 가는 길이었다. 그분은 신호를 받을 때나 터널을 지날 때, 골목을 들어설 때 늘 라이트를 껐다. 귀찮을 텐데도 꾸준히 그런 행동을 하는 것을 보고 의아해진 내가 물어보니 부드럽게 웃으며 말씀하셨다.

"눈이 부시잖아요 그래서 반대편에 사람이나 차가 있을 때는 될 수 있으면 라이트를 끄려고 노력하고 있어요"

이따금씩 운전자들의 싸우는 모습을 보거나 서로 버스를 타려고 몸을 부딪치는 사람을 보면 그런 성숙함이 간절해진다. 힘든 마음과 함께 느껴지는 이 미성숙함. 굳어 있는 얼굴 표정을 풀기 위해서는 얼마나 여유를 가져야 할지.

# 다른 이의 잘난 점을 훔쳐라

누가 봐도 멋진 사람이 있다. 도대체 저 사람은 뭘 하는 사람인지, 생각하는 족족 좋은 아이디어로 채택되고, 하는 족족 성공을 한다. 당연히 그 사람은 구름 위의 존재다. 나로서는 생각지도 못한 기발함과 창의성이 번뜩인다. 그렇다고 그 사람 발밑에서 영원히 고개만 조아릴 생각은 없다. 도대체 어떻게 해야 한단 말인가.

당신의 롤 모델은 누구인가? 당신에게 롤 모델이 있다면, 무조건 그를 따라 움직여라. 목표를 정확히 설정하고 가다보면 똑같이는 안

되도 비슷하게는 될 수 있다. 그렇게 하다보면 오히려 롤 모델보다 더 나은 자기만의 개성을 가진 또 다른 개성을 가진 롤 모델이 될 수도 있다.

대다수의 천재들도 다른 사람을 흉내 내면서 성장했다. 흉내를 내며 그 본질을 파악한 다음 자신의 창의력을 더하면 진짜가 만들어진다. '모방은 창조의 어머니'라는 말이 괜히 있는 말이 아니다. 어머니가 있기에 자식이 있는 것이다. 뉴턴은 "내가 더 멀리 볼 수 있었던 이유는 위인들의 어깨에 의지하고 있었기 때문이다"고 말한다.

일본의 아사히 맥주를 아는지? 아사히 맥주는 1985년까지만 해도 혹평을 도맡아 받는 회사였다. 하지만 그들은 외국의 정통 맥주를 일본으로 수입해 가볍게 만든 '슈퍼드라이'를 만들어냈다. 그 슈퍼드라이의 판매 호조로 그들은 1990년 초 이래 다른 맥주 업체들이 판매 하락으로 힘들어 하는 동안에도 지속적인 인기를 누렸다. 1990년에는 1억 2100만 상자의 판매량을 기록하며 '기린 라거'에 이어 가장 잘 팔리는 맥주가 되었고, 1998년부터 지금까지 단일 품목으로 일본 맥주 시장의 선두를 지키고 있다.

비록 당신의 롤 모델처럼 빛나지는 않더라도, 그처럼 많은 이의 존경을 받지는 않더라도, 번뜩거리는 아이디어를 내지는 못하더라도 당신에게도 반짝거리는 작은 힘이 있다. 그 힘을 키우는 것이 중요하다.

 좋은 점은 훔쳐서라도 자신의 것으로 만들어야 한다. 자신의 것
으로 만들기 위해 노력하다보면 언젠가는 당신에게도 당신을 본
받고 싶어 하는 사람이 나타날 것이다.

# 세상에 대한 고마움

　지휘자 오자와 세이지는 청년 시절 도호 단기대학 음악과를 다니면서 사이토 히데오 교수의 지도 아래 지휘자 수업을 받았다. 그는 스무 살이 갓 넘었을 무렵 브장송 국제청년지휘자 콩쿠르에서 1위를 차지하면서 전 세계를 놀라게 했다.

　그 후에도 베를린 필의 카라얀이나 뉴욕 필의 반스타인 같은 대가들이 한결같이 그를 아꼈다. 오자와 세이지는 그런 사랑에 힘입어 현재 네 개의 오케스트라를 쥐락펴락 하고 있다. 빈 필과의 관계 또한 돈독하기 이를 데 없다. 세계적인 음악가가 된 것이다.

주위 사람들의 도움이 없었더라면 오늘날의 오자와 세이지는 없었을는지도 모른다. 그 많은 사람들이 왜 그에게 손을 내밀었을까? 그것은 오자와 세이지의 '고마워하는 마음' 때문이었다. 그는 은혜를 잊지 않고 고마워할 줄 알았다.

오자와 세이지는 자신의 성공 비결을 주위 사람들과의 유대라고 이야기한다.

"오케스트라는 지휘자와 연주자가 한마음이 되었을 때 좋은 연주를 할 수 있습니다. 그래서 나는 지휘자로서의 권위를 세우기보다 연주자와 제작진들을 배려하려고 노력합니다."

그는 겸손하게 사람들을 대했다. 아무리 잘났다고 하더라도 상대와 자신을 비교하여 잘난 점을 내세우는 것은 위화감을 유발한다. 상대는 당신을 존경하기보다는 당신의 뒤에서 침을 뱉을 것이다. 자신의 부족한 면을 내보이는 것이 상대와 어울릴 수 있는 효과적인 방법이다. 상대의 공감을 이끌어내기 유리하기 때문이다.

우리나라의 박지성 선수도 마찬가지다. 박지성 선수는 안정환 선수처럼 잘생긴 외모를 가지고 있지도, 이천수 선수와 같은 스타 기질도 없다. 그럼에도 그는 대한민국 축구 선수 중 가장 성공한 사람으로 평가받고 있다. 그는 운동선수로서의 성공뿐만 아니라 만인한테도 사랑을 받고 있다.

잘하다가도 한 번 잘못하면 욕을 먹기 일쑤인 우리나라에서도 유독 박지성 선수만큼은 예외다. 그가 실수라도 하면 몸이 안 좋은 것이 아닌가, 하는 걱정을 하는 것이다. 그 이유는 무엇이라고 생각하는가.

바로 겸손이다. 그는 인간적인 겸손함을 가지고 있다. 사람들에게 예의를 지켰다. 그리고 그는 자신의 미래에 대해 긍정적으로 믿었다. 박지성 선수는 자서전에서 이렇게 말한다.

"전 맨유에서 스타플레이어가 되는 것을 기대히지 않아요. 10분 뛰는 것에 만족할 것이고, 다음엔 20분, 그 다음엔 전반전만 뛰는 선수라도 만족할 겁니다. 그러다 보면 저도 반니나 루니와 어깨를 나란히 하고 뛸 날이 올 테니까요."

 당신의 인생에 사랑과 행운을 불러오는 것은 어려운 일이 아니다. 세상에 고마워하고 주위 사람들에게 겸손할 수 있는 마음만 가지고 있다면, 당신의 인생은 더욱 풍요로워질 것이다.

# 치열<sub>한</sub> 열정<sub>을</sub> 가져<sub>라</sub>


"당신은 쿨해요"

쿨한 사람이라는 것은 말 그대로 시원시원한 사람이다. 그는 매사에 흥분하지 않는다. '뭐 그럴 수도 있지' 하고 넘기는 식이다. 누군가가 화를 내는 것을 봐도 그는 그 사람의 어깨를 툭 치며 '이봐, 그렇게 열 내지 마'라며 웃고 만다.

그는 누군가 자신에게 잘못을 해도 금방 잊어버린다. 그는 집착, 흥분 등의 모든 감정을 마음속에 지니지 않으려 많은 노력을 한다.

그래서 어쩔 때는 그런 모습이 멋져 보이기도 한다. 그의 속이야 어찌됐든 우선은 넉넉해 보이고 여유로워 보이니까.

하지만 그런 생각이 든다. 한 번이라도 집착과 흥분을 경험해 보지 않았다면, 그가 에너지를 가지고 살아갈 수 있을까?

열정은 에너지다. 열정은 자신이 살아가기 위해 장점을 발전시키고, 꿈을 향해 나아가는 에너지다. 때때로 집착은 열정에서 비롯된다. 깊이 믿어왔던 가치 같은 것은 쉽게 버릴 수 없다. 나는 이렇게 생각해 왔는데 현실이 그렇지 않다면, 자신이 쏟았던 믿음만큼 우리는 집착을 경험한다. 버릴 수 없는 가치를 붙들고 한번 싸워보는 것이다.

미국의 패션 디자이너 랄프 로렌은 무명시절 그를 지탱시킨 힘이 기개와 열정이었다고 한다. 1939년 러시안 유대 계 이민 가정에서 태어난 그는 정식으로 디자인 교육을 받은 적이 없다. 매장 점원으로 패션계에 발을 디딘 그는 1967년 '폴로'라는 이름의 넥타이로 디자인계의 스타가 된다.

하지만 처음부터 사람들에게 그것이 인기를 끈 것은 아니었다. 랄프 로렌이 직접 디자인한 폴로를 들고 블루밍데일즈 백화점을 찾아갔을 때 백화점 측은 당시 트렌드대로 폭을 좁히고 '랄프 로렌'이라는 라벨을 없애달라고 요구한다. 그러나 로렌은 고집을 꺾지 않았다.

그 후 경쟁 백화점에서 그의 넥타이가 불티나게 팔리자 블루밍데

일즈는 결국 그를 다시 찾는다.

세상은 사람들을 길들이려고 한다. 하지만 그것이 당신이 소중하게 생각하는 부분이라면 끝까지 포기해서는 안 된다.

조선 후기의 화가 최북은 패기가 넘치는 사람이었다. 그림 그리기를 강요하는 사람 앞에서 강요에 의해서는 그릴 수 없다며 자신의 눈을 찔러 애꾸눈이 되어 돋보기안경을 사도 한 알만 샀다. 그는 의미 있는 그림을 선사하고도 반응이 변변치 않으면 두말없이 그림을 찢어 버리고, 의미 없는 그림에도 반색을 보이는 이가 있으면 도리어 뺨을 치고 받은 돈을 돌려줄 만큼 열정으로 가득한 화가였다.

 우리의 삶은 많은 도전으로 가득 차 있다. 그것을 놓치는 어리석음을 발휘하는 행동을 절대 해서는 안 된다. 자신의 삶에 열정을 가지지 못한다면 모든 일은 당신에게 등을 돌릴 것이다. 세상에서 소중한 존재가 되고 싶다면 더 치열하게 자신부터 자신의 삶을 사랑해야 한다.

# 성공은 실패라는 배를 타고 온다

어느 가난한 작가가 새로운 소설을 구상했다. 헝클어진 머리에 특이한 외모를 가진 말괄량이 고아가 온갖 사건을 겪고 난 뒤 마침내 착한 아이가 된다는 감동적인 소설이다. 작가는 그 원고를 수많은 출판사로 보냈지만, 출판사들은 모두 거절했다. 작가는 모든 것을 포기하고 교사 자리로 돌아가려고 하다가, 마지막으로 딱 한 번만 더 원고를 보내 보기로 한다. 다행히 그 출판사에서 원고를 받아 주어서 소량 출간하게 된다. 그런데 그 소설이 엄청난 히트를 쳤다. 가난했던 작가는 후속편을 계속 썼으며, 그렇게 그 유명한 연작 소설이 완성되었다. 소설『빨강 머리 앤』을 쓴 L. M. 몽고메리 이야기다.

성공이 그렇게 쉽게 오기란 힘들다. 성공하고자 한다면, 실패에서 교훈을 얻어야 한다. 오프라 윈프리는 가난한 사생아에다 뚱뚱하고 못생긴 미혼모였다. 그녀는 첫 직장에서 해고될 때 "당신 외모는 TV에 전혀 어울리지 않아"라는 비참한 말까지 들었다.

성공한 사람들은, 남들과 다르게 행동하거나 상식에 도전한 적이 있으며, 좌절을 맛보았고, 그 경험을 통해 성공을 얻었다. 월트 디즈니는 '실패를 실감할 수 없을 때가 있다. 하지만, 그런 아픔에 아랑곳하지 않아야 성공할 수 있다'라고 말한다.

당신이 누군가에게 무시 받는다고 슬퍼하지 마라. 성공을 가로막거나 그 가능성을 무시하는 사람은 어디에나 있다. 올 오프리 음반사의 담당자는 엘비스 프레슬리에게 "여기저기 들쑤시지 말고, 돌아가서 다시 트럭 운전이나 하지 그래" 하고 말한다. 〈뉴욕포스트〉지의 유명한 영화평론가 짐 사이먼은 영화 '스타워즈'를 두고 "1년 전 일기예보를 보는 듯한 김빠진 영화"라고 혹평했다. 저작권 대리인 배리 커닝엄은 "돈을 벌려면, 아이들이나 읽을 책은 쓰지 마세요" 하고 『해리포터』의 저자 조앤 롤링에게 말한다.

성공은 사람을 구석으로 몰아넣고, 어제 쓴 방법이 내일도 통할

것이라는 착각에 빠지게 한다. 몸을 사리는 부자는, 위험 부담을 지고
싶어 하지 않고 혁신보다는 관료를 중요시한다. 거기에는 단지 하나
의 결과만 있을 뿐이다. 그 부자는 원하는 것을 모두 잃게 될 것이다.

실패는 사람을 무너뜨린다. 하지만 그것으로 사람이 완전히 망가
지지는 않는다. 결단력과 인내, 용기와 의지를 갖추고 도전하면
성공할 수 있다. 성공과 실패는 동전의 양면과 같다. 성공이 실
패를 낳고, 실패가 성공을 낳는다. 이 관계를 이해하고, 실패 속
에 싱공이 있으며 성공 안에서 실패가 나올 수 있음을 경계한다
면, 당신의 인생은 늘 성공할 것이다.

# 자꾸 사라지는 사람들

사람들 사이에서 떠드는 것을 좋아했던 시절. 그때는 수많은 사람을 만났고 그들과 수많은 추억을 공유하는 듯했다. 하지만 이상한 것은 그 '우정'이 삶에서 사라져버린다는 것이다.

어느 소설가가 쓴 수필에서 그런 글을 본 기억이 난다. 사람들이 자꾸 사라진다고. 마음을 주고 난 후 사라지는 사람들이 두렵다고

우정은 곧잘 우리의 삶에서 사라져버린다. 누구에게나 친구는 많다. 가볍게 농담을 주고받고, 자주 연락하지 않아도 그다지 궁금하지

않은 친구들이 주위에 늘 있다. 그러나 그런 친구들은 곧 모습을 감춘다. 가볍게 사귄 사람은 결국 가볍게 잊혀지는 것이다.

이런 저런 사람을 만나면서 상처를 많이 받기도 한다. 가볍게 맺은 관계 속에서 쉽게 잊혀진 사람, 곁에 있어주길 바랐던 순간에 등을 돌린 사람도 있다.

우정이란 내 마음을 몽땅 맡겨도 좋다는 신뢰의 결정을 내리는 것을 의미한다. 서로에게 절대 물러나지 않는 것이다. 많은 사람을 만나지만 그 모두가 친구가 되는 것은 아니다. 따로 살아온 두 마음이 하나로 이어지는 것이 쉬운 일이 아니기 때문이다.

『어린 왕자』의 여우는, 왕자에게 친구가 되는 방법을 일러준다. 친구가 되기 위해서는 서로 길들여져야 한다는 것이다.

처음에는 조금 떨어져 서로를 관찰할 시간을 가진다. 그 시간이 흐르고 나면 마주 앉을 수 있다. 서로 시선을 마주치며 미소 짓는 그 순간이 바로 상대에게 길들여진 시간이다.

그렇게 서로에게 익숙해졌다면 '책임'을 져야 한다. 어린 왕자가 떠나려 할 때, 여우는 금방이라도 울음이 쏟아질 것 같은 얼굴로 이야기한다.

"네 장미꽃을 그토록 소중하게 만든 건 그 꽃을 위해 네가 써버린 시간이란다. 사람들은 이런 진리를 잊어버렸어. 네가 길들인 것에는 언제까지나 책임이 있어. 넌 네 장미에 대해 책임이 있어."

친구가 소중한 것은 우리가 그들을 위해 쓴 시간이 있기 때문이다. 우리는 우리의 삶의 일부를 그들에게 기꺼이 내주었다. 그렇기 때문에 우리는 '책임'을 져야 한다. 그것은 내가 길들인 상대에 대한 예의다. 그래서 우리는 함부로 이별을 말하거나 다시는 만나지 않겠다고 선포해서는 안 된다.

친구와의 관계를 지속할 때도 주의해야 할 것이 있다. 우리는 다른 사람에게 친구의 비밀을 함부로 털어놓지 말아야 한다. 그것은 곧 자신이 어느 누구와도 비밀스런 대화를 나눌 수 없는 사람이라고 공개하는 것과 같기 때문이다. 스스로 나는 신용할 수 없는 존재라고 공언하는 것과 같은 일이다. 친구의 비밀은 당신의 것이 아니라, 친구의 소중한 보물이고 당신에게 보여준 믿음의 증거물이다. 그리고 그것은 둘의 관계를 이어주는 다리가 되어준다.

관계를 끊어버리는 것은 어떤 무시무시한 사건이 아니다. 작은 실망감, 신뢰도가 떨어지는 것, 하찮은 말실수. 그런 것들이 친구와 나의 관계를 야금야금 갉아먹는다. 유대감이 깊어지면 우리는 착각하게 된다. 당연히 이해해주겠거니 여기는 마음이 생긴다.

나는 소망한다. 단 한 명이라도 좋으니 나를 이해하고 같이 있을 때 내 마음이 편해지는 사람을 만나고 싶다고

사람은 사람을 통해 상처를 받지만 역시 사람을 통해서만 위로
를 받는다. 많은 사람 가운데서 나와 마음이 일치하는 사람은 흔
치 않다. 당신의 곁에 친구라는 이름으로 존재하는 사람들 한 명,
한 명에 대해 음미하는 법을 배워라. 백 명의 사람을 알고 있다
고 백 명의 친구를 가진 것은 아니다.

# 당신은 '왜' 사십니까?

빌 게이츠는 하버드 대학을 중퇴하고 동료인 폴 알렌과 소프트웨어 회사를 설립하면서 '전 세계의 컴퓨터에 마이크로소프트의 OS를 장착하게 만들겠다'는 목표를 세운다. 그리고 목표가 실현되는 순간 그는 '세계 최고의 갑부'가 되었다. 그는 1995년부터 지금까지도 세계 최고 갑부 자리를 지키고 있다.

목표는 분명히 있어야 한다. 그리고 그 길을 향해 나아가야 한다. 당신은 '왜' 살고, '왜' 일을 하며, '왜' 공부를 하는가? 모든 것의 시작은 목표다.

당신이 만약 능력을 가지고 있고 열정을 가지고 있다고 하더라도 이 목표가 없으면 아무것도 할 수가 없다. 어딘가로 가기 위해서는 방향이 필요하다.

청사진은 만들고 싶은 것에 집중하며 그려야 한다. 지나온 일이 아니라 앞으로 다가올 일을 생각하는 것이다. 최종적인 결과에 초점을 맞추고 실제로 생길 결과를 떠올려라.

목표를 세울 때는 다음의 세 가지가 기준이 된다. 인생 전체의 목표, 중기 목표, 단기 목표가 그것이다.

인생 전체의 목표는 자신이 원하는 이미지와 가장 가까운 모습이 될 것이다. 이것이 최종적으로 우리가 도달해야 할 정점이다. 중기 목표는 하나의 일, 하나의 분야에 대해 일정 수준까지 연구하기에 적합하다. 피카소는 3년에 한 번씩 새로운 그림 기법에 도전했다. 마지막 단기 목표는 자신의 목표를 더 구체적으로 실천함과 동시에 궤도를 체크하거나 수정하기에 알맞다. 매년 당신의 여유로운 기간에 당신의 1년을 체크하고 반성하는 것이다.

손정의 소프트뱅크 사장은 자신의 청사진을 이렇게 이야기한다.

"내가 인생의 설계 도면을 구체적으로 그린 것은 열아홉 살 때이다. 20대에 한 분야에서 이름을 얻고, 30대에는 1000억 엔 정도의 자금을 모아 40대에 정면승부를 건 뒤 50대에 사업을 완성한다는 것이다. 그리고 60대에는 후계자에게 경영을 완전히 물려주겠다는 계획을 세웠다. 이것이 나의 인생 50년 계획이다.”

지금 40대의 손정의 회장은 전 세계를 종횡무진 누비며 비즈니스를 펼치고 있다.

목표는 우리가 도전하고 노력하는 과정에서 끊임없이 지침을 제공해 준다. 당신은 지금 당신이 하고 있는 일을 ‘왜’ 하는지 알고 있는가? 만약 목표가 없다면, 당신은 당신에게 정말 필요한 것이 뭔지 모를 수밖에 없다.

아직까지 인생의 목표가 불분명하다면 당장 자신과 대화를 해보아야 한다. 당신이 살아가고 싶은 모습은 어떤지 구체적인 그림을 그려라. 삶의 설계 도면을 계속 덮어둔다면, 어느 순간 당신은 지쳐 쓰러지고 말 것이다.

# 돈 많은 가난한 자

〈포브스〉지는 미국의 400대 부호 가운데 37퍼센트가 불행하다는 조사 결과를 밝혔다. '돈으로 행복을 살 수 없다'는 옛말이 상당히 일리 있는 조사가 아닐 수 없다. 어쩌면 돈은 오히려 사람을 불행하게 만들지도 모른다.

심리학자들은 갑작스런 부로 야기될 수 있는 수치심이나 화, 두려움, 물질만능주의 같은 광범위한 증상을 설명하기 위해 부자병affluenza이라는 말을 만들어냈다. 이것은 이런 병이 실제 있고 없고를 떠나서

부자가 된다는 것은 우리가 생각하는 것처럼 마냥 좋은 일이 아니라는 뜻이다.

경제적인 부유는 대인관계의 균형 감각을 깨뜨릴 수 있다. 특히, 부자로 태어났다기보다 복권이나 주식처럼 운이 좋아서 경제력을 얻게 된 사람들의 경우는 돈을 관리하는 요령이 더욱 서툴다.

복권에 당첨된 사람들의 이야기를 들어보면, 그들은 막대한 상금을 받는 대신 그만한 대가를 치러야 한다고 이야기한다. 유명세를 타게 되고, 돈을 투자해 달라거나 빌려달라거나 기부해 달라는 사람들이 붙는다. 그리고 그들은 친척들과 사업 관계자들, 친구나 동료들의 부러움을 넘어선 질투와 적개심 앞에서 무방비 상태로 노출된다.

재산이 늘어난다고 해서 인간의 행복 지수가 높아지는 것은 아니다. 오히려 그 반대일 가능성이 높다. 물질적인 성공을 목표로 하다 보면 행복 지수를 높이는 일에 소홀해진다. 분명히 돈은 삶을 편하게 해주는 물질이다. 하지만 돈 자체가 삶을 더 나아지게 해주지는 않는다.

연구에 따르면 인생에서 가장 만족스러운 경험은 자율성, 역량, 관계, 자존감이라는 4대 심리 욕구를 충족시켰을 때 나타난다. 실제로 이런 욕구를 충족시킨 사람은 그렇지 못한 사람보다 행복한 것이 사실이다. 그보다 낮지만 충족 필요성을 느끼는 것에는 물질적 번영이나 안전, 의미, 즐거움, 지위 같은 욕구 들이다. 돈과 쾌락은? 제일 낮은 단계의 욕구다.

부자의 덧없는 삶에 대한 모습을 본 적이 없는가? 물질적 풍요는 딱 가질 만큼만 가지면 되는 것이다. 부자가 되지 않아도 당신은 충분히 살 수 있다. 하지만 정신적 공허는 누군가 채워주지 않으면 안 된다. 사실상 모든 것을 갖춘 완벽한 사람은 존재하지 않는다.

 록 허드슨, 로버트 스탁, 도로시 말론, 로렌 바콜이 주연한 '바람에 쓴 편지Written on the Wind 56년'라는 영화가 있다. 이 영화에는 돈 많은, 가난한 자들이 등장한다. 갑자기 이 영화 오프닝의 장면이 떠오른다. 당신은 낙엽이 들이치는 쓸쓸하고 넓은 저택의 거실을 고르겠는가, 마음이 풍요로운 삶을 살겠는가?

# 레드 썬!

다들 아는 이야기일지도 모르겠다. 어느 수리공이 냉동고를 수리하기 위해 안으로 들어갔다. 그런데 실수로 문이 밖에서 잠겨 버렸다. 수리를 하던 수리공이 깜짝 놀라 문을 열려고 하였지만, 단단한 문은 꼼짝도 하지 않았다. 소리를 지르기도 하고 힘껏 두드리기도 하였지만 문을 열어주는 사람은 아무도 없었다. 몸은 점점 차가워졌다.

시간이 지날수록 그는 희망을 포기하고 자포자기 상태에 빠졌다. 추위에 덜덜 떨리던 몸은 서서히 저려왔다. 차츰 몸도 얼어갔다. 점점 정신이 몽롱해지고 있었다.

다음 날, 직원이 문을 열었을 때 그는 시체가 되어 있었다. 그런데 놀라운 것은 그가 얼어 죽었던 냉동고는 작동하고 있지 않았다. 냉동고에는 공기도 충분했고, 실내 온도도 약 15도 정도였다.

사람은 결국 자신이 생각하는 대로 인생을 보내게 된다. 사람의 잠재의식은 우리가 생각하는 것보다 훨씬 영향력이 강하다.

당신은 자신을 어떻다고 생각하는가? 자신을 비하하는 사람은 생각보다 많다. 그것은 실패를 겪을수록 더 정도가 심해진다. 나는 왜 이럴까, 나는 이것밖에 안 돼, 나는 내세울 게 하나도 없어….

우리가 모두 인정하는 사실 하나는 현실이 어릴 적 우리가 생각했던 것처럼 녹록치 않다는 것이다. 그리고 우리는 약하다. 문제는 그것을 인정하고 나아가느냐 포기하느냐에 달려 있다.

스스로 자신이 약하다는 것을 인정하는 것은 용기 있는 일이다. 그래서 용감한 사람은 자신이 스스로 자신의 잠재의식의 문을 연다. 자신과, 자신의 인생에 대한 믿음을 키워나가는 것이다. 그들은 미래를 부정적으로 보지 않는다. '나는 괜찮아. 나는 나를 믿어' 하며 스스로에게 메시지를 보낸다.

얼마 전, 영국 일간지 〈텔레그래프〉에서는 최면술사 알렉스 렌케이에 대해 보도했다. 렌케이는 몇 달 전, 웨스트서섹스 주 워딩 병원

에서 오른손목을 약 10센티미터 가량 절개해 뼛조각을 제거하고 근
육 위치를 바로잡는 수술을 받았다. 하지만 이 80여 분의 대수술 동
안 그는 전혀 마취를 하지 않았다.

약 30초 간 스스로에게 마취를 걸고 수술을 받은 렌케이는 "오른팔
을 제외한 모든 부분이 평소와 다를 바 없었다"면서 "오른손목에서
뼈를 잘라내는 과정이 느껴졌지만 아프지는 않았다"며 '자기최면 수
술'의 느낌을 밝혔다.

인간의 자기 최면의 힘은 이토록 강하다.

 당신은 이미 어떤 고통이나 시련도 이겨낼 수 있는 엄청난 자신
만의 힘을 가지고 있다. 이는 당신이 미래에 할 수 있는 가장 좋
은 투자다.

# 관계 중독에서 벗어나라

중독이란 의존성이 가장 심화, 극단화된 형태를 말한다. 대상에 대한 의존이 너무 심해 그것 없이는 심리적 안정을 얻을 수 없고 일상생활이 유지되지 않는 상태를 가리킨다. 그 중에서도 사람에 대한 중독은 자신뿐만 아니라 상대에게도 크나큰 스트레스가 된다.

하지만 이를 심각하게 생각하는 이는 아무도 없다. 그것은 아마 '사랑'이라는 이름으로 포장되어 있기 때문이리라.

관계 중독에 빠진 사람은 다른 이와의 '관계'에 집착하기 때문에 삶의 가치나 행복이 다른 사람에 의해 좌우된다. 이들은 '자신'이 아닌, 다른 사람과의 관계가 생활의 주를 이루고 그곳에서 자신의 의미를 찾는다. 자신의 마음속에 '구멍'을 채울 수 있는 하나의 탈출구로 사람에게 의존하는 것이다.

보통 남편이나 자녀로부터 삶의 의미를 찾는 주부들에게서 많이 볼 수 있는 모습이다. 이들은 상대가 자신의 기대에 미치지 못하면 우울해한다. 주위 사람들도 힘들긴 마찬가지다. 적절한 경계가 없기 때문이다.

그들은 대개 우울증, 두려움, 수치심, 화 등의 어두운 감정 들을 극단적으로 표현한다. 비합리적이고 때로는 이해할 수 없을 정도로 아이같이 떼를 쓰기도 한다. 이들은 자신의 주위 사람들을 지나치게 의식하고 의존한다. 혹 다른 이가 짜증이라도 낼라치면, 그들은 죄책감과 허탈감, 열등감을 느낀다. 또한, 생활 속에서 일어나는 사소한 일에도 지나치게 민감하게 반응하고, 상황에 맞지 않게 강한 감정을 일으킨다.

혼자 있는 것을 두려워하고, 보호받고 싶어 하며 상대방에게 비굴할 정도로 매달리는 사람이 의외로 많다. 그들은 자신의 삶에 대한 책임감이 없다.

의존성 성격은 부모의 과잉보호로 인해 독립성이 부족한 사람들한

테 생기기 쉽다. 자식 사랑이란 명목으로 아이들이 원하는 것을 지나치게 막거나, 스스로 선택할 수 있는 책임감 훈련을 시키지 않은 부모의 양육 형태가 이런 의존성을 낳는다.

그렇게 자란 아이는 어른이 되어도 자신이 원하는 것이 무엇인지 잘 느낄 수 없게 된다. 남을 배려하거나 남에게 잘해 주지 않으면 불안해지는 것은 그가 착하거나 선하기 때문은 아니다. 어려서부터 자란 습관 탓인 것이다.

만약 당신이 의존형 성격의 소유자라면 상황을 잘 분석하기 바란다. 당신 주위 사람들은 당신의 부모 역할을 하고 있다. 당신에게 말할 수는 없지만 그들의 부담감은 은근히 자리 잡고 있다. 무슨 일이든 그것이 '의무'가 되면 사람들은 부담을 느끼기 때문이다. 당신 스스로 결정을 내리도록 하라. 실패를 해도 상관없다. 그것은 경험이 되어 당신을 성숙시킬 것이다.

# 싸우자, 이기자!

　참 이기기 좋아하는 사람이 있다. 말로 상대방의 기를 죽이고 자신
이 '이겼다'고 생각하는 것이다. 보고 있으면 피곤하기 짝이 없다.
왜 저렇게 매사에 호전적인 적개심을 가지고 살아가는지. 그는 자신
이 이겼다고 생각할는지 모르지만 그것은 착각이다. 그와 이야기를
나눈 상대에게 그를 인정 하냐고 물으면 상대는 분명히 고개를 저을
것이다. 똥이 더러워서 피하지, 무서워서 피하나. 내버려두는 것은
그저 '그렇게 살라' 하며 포기하는 것뿐이다.

　어느 좌석에서 한 사람을 만났는데, 그도 굉장히 실용적인 사상을 가지고 있었다. 최근 레이먼드 카버의 소설을 읽었다는 이야기를 하자, 그는 소설을 읽는 사람을 일컬어 '이해가 가지 않는 사람'이라고 했다.

　"할 일이 그렇게나 없을까요. 아무 짝에도 도움이 되지 않는 책을 재밌다고 읽고 있으니."

　당황스럽기 짝이 없다. 그럼 도대체 무슨 책을 즐겨 읽느냐고 하니 책은 보지 않는단다. 뉴스나 신문을 챙겨보는 게 다라고 가끔 자기계발서 정도는 읽을 때가 있지만 소설은 쳐다도 보지 않는다고 이야기한다.

　"어쨌든 그 모두가 남이 만들어낸 거짓말이잖아요."

　세상에, 남이 만들어낸 거짓말이라니. 그럼 셰익스피어와 헤르만 헤세의 작품은 왜 교과서에 나온다고 생각하는 것인지? 우리나라의 한 시대를 풍미한 박경리나 김동인, 김유정에 대해서는 뭐라고 생각하는 건지.

　거기서 그냥 입을 다물어버렸다. 그의 생각을 인정해서가 아니다. 오만과 편견으로 똘똘 뭉친 사람과 이야기하고 싶지 않았을 뿐이었다. 물론, 그렇게 생각하는 것이 잘못된 것이라는 말이 아니다. 생각의 문은 열려 있다. 그가 어떻게 생각하든 내가 터치할 부분이 아니다. 하지만 그것은 말 그대로 '혼자'만의 생각이다.

말이 통하지 않는 사람과의 언쟁은 시간의 불필요한 소모이다. 그는 당신의 말에 귀를 막고 무조건적으로 자신의 주장만이 옳다고 이야기하기 때문이다. 아무리 당신이 논리 정연한 주장을 펼친다 한들 그가 자신의 의견을 굽힐까. 혹 당신이 그와의 언쟁에서 우위에 선다 하더라도 기분이 좋지 않을 것이다.

바른 뜻을 전달하고자 할 때도 이치만 따져서 큰 소리로 상대를 제압해선 안 된다. 상대가 마음으로 이해할 수 있도록 애써야 한다.

벤저민 프랭클린은 자서전에서 다음과 같이 말한다.

"내가 본 바로는 이치만 따지고 반대하기 좋아하며 언쟁을 일삼는 패거리는 대부분 끝이 좋지 않다. 물론 그들도 이길 때가 있다. 하지만 승리보다 더 큰, 사람들의 호의를 얻는 일은 결코 없다."

상대의 이야기를 들을 줄 모르는 자의 이야기를 들어줄 거라고 생각하면 오산이다. 상대방을 제압하려 할수록 상대는 당신을 외면한다. 그것은 승리가 아니라 상대의 무시라는 것을 알아야 한다.

# 운명이란 세상에 없다

인생을 살면서 '만약 이랬다면….'이라는 생각을 참 많이 하게 된다. 1990년대에 방영된 텔레비전 프로그램에 '인생극장'이 있었다. 꽤나 인지도 높은 프로그램이라 나도 즐겨봤던 기억이 나는데, '그래, 결심했어' 하는 말과 함께 자신이 선택하던 그 시점으로 돌아가 미래를 보여주는 내용이었다.

인생이란 운명이 아닌 자신의 '선택'이라고 생각한다. 우연한 기회를 잘 잡는 행운에서 오는 것이 아니라 얼마나 노력했느냐에 따라

뿌린 대로 거두는 것이다.

운명을 믿는 순간 인생은 일방통행이 된다. 당신의 삶은 언제나 당신이 선택할 수 있는 문을 열어둔다. 그 상황이 아무리 최악이라고 해도 말이다.

농구선수 앨런 아이버슨은 1975년 6월 7일, 버지니아 주 햄프턴에서 태어났다. 아이버슨의 어머니 앤은 열다섯 살 때 그를 가졌고, 그의 아버지 또한 10대였다. 그들은 곧 헤어졌고 아이버슨은 새아버지 마이클 프리먼 밑에서 자라게 된다.

아이버슨의 집은 가난했다. 전기와 전화가 몇 달 동안 끊기기도 했고, 튀어나온 파이프에서는 한 달 동안 오수가 흘렀던 적도 있었다. 하지만 그는 희망을 버리지 않았다. 그는 풋볼에 자신의 미래를 걸었다. 그는 쿼터백으로서 뛰어난 어깨와 경기를 운영하는 천부적인 감각을 지녔으며, 풋볼의 거친 몸싸움과 필드 위에서 펼쳐지는 전략을 사랑했다.

1990년이 되던 해, 아이버슨은 절망적인 사건을 겪는다. 친한 친구가 살해를 당하고, 새아버지는 마약을 거래한 혐의로 중형을 선고받게 된다. 어머니는 건강이 악화되고 보험 혜택을 받지 못한 채 진료와 처방을 받느라 집안 사정은 더욱 나빠진다.

당시 아이버슨은 열다섯 살로 베델<sup>Bethel</sup> 고등학교 1학년이었다. 그는 와이드 리시버로 활약하고 있던 풋볼과 농구에서 최고의 선수로 이름을 날리고 있었지만, 운동과 학교 모두를 그만두어야 했다.

하지만 그는 포기하지 않는다. 그는 앞날에 대한 계획을 세우고 남은 고등학교 3년 동안 틈틈이 일을 해서 가족을 먹여 살린다. 풋볼에서는 최고의 선수가 되어 풋볼 장학금을 탄 후, 대학에 입학하여 가능한 빨리 NFL의 팀과 계약을 맺는다.

하지만 그의 고난은 거기서 끝이 아니었다. 1993년 밸런타인데이, 친구들과 함께 있던 그는 백인들과 싸움을 하게 된다. 아이버슨은 싸움이 시작되는 순간 그곳을 피했시만, 경찰은 그를 구속한다. 체포된 사람은 아이버슨뿐이었다.

재판에서 아이버슨은 5년형을 선고받고, 죄수복을 입는다. 그는 4개월 정도를 교도소에서 보낸 후, 부당한 대우를 받은 사실을 안 주지사의 사면으로 풀려난다.

아이버슨은 자신이 선택할 수 있는 길에 대해 한참을 고민했다. 그는 일을 하면서도 공부를 계속 했다. 그리고 존 톰슨 감독의 도움으로 조지타운 대학에 입학했다. 그의 농구 플레이는 빨랐고 강했으며 공격적이었다. 그에게는 살기 위해서 꼭 해야 한다는 절박함이 있었기 때문에 그 누구도 그를 따라올 수도 없었고, 막을 수도 없었다.

그는 1학년이면서 빅 이스트 컨퍼런스$^{Big\ East\ Conference}$ 올해의 수비수에 선정되었고, 동시에 신인왕을 수상했다. 2학년이 되어서는 25.0득점, 4.7어시스트, 3.0스틸을 기록하며, 2년 연속 올해의 수비수를 수상했고, All-American First Team에도 만장일치로 선정되었다. 그리고 1996년, NBA 드래프트에 응하여 전체 1번으로 필라델피아 식서스에 지명되었다.

지금보다 나아지려는 마음이 그에게 없었다면, 그는 지금도 뒷거리를 활보하는 싸움꾼이 되었을지도 모른다. 하지만 그는 운명을 이기기 위해 노력했고 결국 자신의 힘으로 바꾸었다.

 많은 사람이 자신을 짓누르는 삶에 젖어들어 포기하고 산다. 하지만 정해진 운명이란 없다. 스스로 자신의 마음을 메마르게 하는 운명론은 생각지 마라. 삶은 무조건적으로 살아야만 하는 의무가 아니라 권리다.

# 쉼표 하나, 쉬어가는 페이지

어느 여론조사에서 재미있는 통계를 냈다. 그것은 우리나라 직장 인들의 3분의 2가 스스로를 '워커홀릭workaholic'으로 인정했다는 것. 이 들은 일에 대한 집념이 강하고, 강박관념을 가지고 있으므로 자유로 움을 느끼지 못한다. 일을 자존심의 모체로 삼고, 일에 의존하는 것이 다. 또한, 휴식을 원하면서도 막상 여가 시간이 주어지면 초조해하고 불안해한다.

우리나라 사람들은 휴식에 대해 관대하지 못한 성향이 있다. 휴식을 게으름과 시간의 소비라고 생각하기 때문이다. 어렸을 때부터 우리는 그렇게 자랐다.

하지만 그것이 완벽한 삶일까. 우리가 스스로에게서 '쉼'을 박탈함으로써 얻을 수 있는 행복이 그렇게나 크단 말인가.

빌 게이츠는 바쁜 생활 속에서도 휴식을 취하기 위해 노력했다. 그는 휴식을 위해 동업자인 앨런과 함께 심야 영화관을 찾곤 했다. 또한, 충분한 수면을 취했다. 피곤을 느끼는 즉시 눈을 감고 졸았다. 그 시간은 중요한 것이 아니었다. 피곤할 때는 5분만 졸아도 피로를 푸는 데 크게 도움이 되기 때문이다.

프로젝트 하나를 끝낸 후에 그는 10시간도 넘는 수면 시간을 가졌다. 그것은 때와 장소에 구애받지 않았다. 또, 그가 변함없이 지킨 습관은 비행기에 올라타면 착륙할 때까지 낮잠을 자는 것이었다.

휴식$^{recreation}$이라는 말에는 창조$^{creation}$라는 말이 들어 있다. 즉, 휴식이란 소비나 소모가 아니라 새로운 준비의 시간이라는 뜻이다.

피곤이 느껴진다면 휴식을 취해야 한다. 5분이든 10분이든 당신의 몸에게 쉬는 시간을 주는 너그러움이 필요하다. 시간이 없다는 이유로 쉼 없이 움직인다고 해서 당신의 능률이 올라가지는 않는다. 그것은 고통을 참아내는 것에 불과한 것이다. 아무리 좋아하는 것이라도 이런 식의 강압적인 움직임에 속하게 된다면 고통이 된다.

이때는 자투리 시간을 활용하는 것이 큰 효과를 볼 수 있다. 당신이 만약 밤새 일을 하고 있다면 커피 대신 물을 택할 것. 커피는 각성 효과가 있긴 하지만, 양이 많아지면 속이 더부룩해져 집중력을 떨어뜨린다.

잠시 고개를 들어 창밖을 바라보는 것도 좋다. 그저 조용히 머릿속을 정리하는 것이다. 먼 곳을 바라보며 쉼표를 찍으며, 피로해진 눈과 마음에 휴식을 주는 것이다.

 몇 년 전, '열심히 일한 당신, 떠나라'리는 모 광고의 카피 문구가 굉장히 유행했다. 그 말에 담긴 시원스러운 위로가 사람들의 마음을 건드렸기 때문이다. 그 달콤한 휴식이 부럽지 않은가. 물론 실천은 각자가 알아서 할 몫이지만.

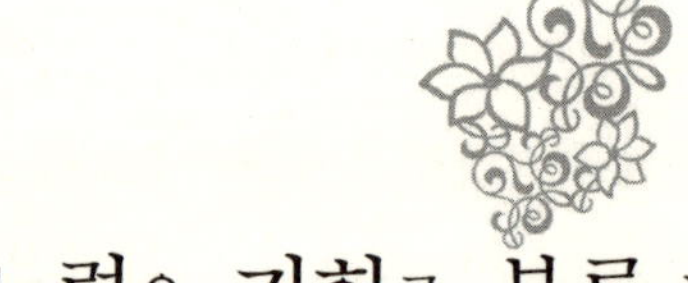

# 노력은 기회를 부른다

『행복한 경영이야기』에 나오는 이야기다.

운이 좋기로 유명한 골퍼 게리 플레이어는 "희한하게도 연습할수록 운이 좋아졌습니다"라고 말한다. 석유왕 존 폴 게티는 "나의 성공 비결은 일찍 일어나 늦게까지 일하다가 우연히 석유를 발견한 것뿐이다"라고 말한다.

성공과 운은 확실하게 기회를 붙잡는 능력을 연마하고 있는 사람에게 오는 필연이다. 우연한 사건을 행운으로 역전시키기 위해서는 단순한 기다림이 필요한 것이 아니다.

한 회사의 사장이 자신의 후임자를 찾고 있었다. 그는 최종 후보로 빌리와 탐을 두고 오랜 시간 고민하고 있었다. 하루는 사장이 빌리가 일하는 사무실을 방문했다. 그는 마침 다음 달 판매계획과 예산안을 신중하게 검토하고 있는 중이었다. 사장이 빌리에게 물었다.

"이런 건 아랫사람을 시켜도 되지 않는가?"

"판매계획과 예산안만큼은 직접 작성하고 싶습니다. 일의 전반적인 흐름을 먼저 꿰뚫고 있어야 아랫사람을 다룰 수 있거든요. 그리고 제가 할 수 있는 일은 굳이 다른 사람에게 맡기시 않는 편입니다."

잠시 후, 탐의 사무실을 방문한 사장은 탐이 다음 달 판매계획과 예산안을 훑어보고 있는 것을 보고 물었다.

"자네가 직접 작성한 것들인가?"

"보통 이런 사소한 일은 아랫사람에게 맡깁니다. 전 이것 말고도 관리할 게 많아서요"

"그럼 다음 달 판매 계획과 예산에 대해서 얼마나 알고 있는가?"

"그게… 저… 아직…."

사장의 질문에 탐은 얼굴이 빨개진 채 아무 대답도 하지 못했다. 사장은 자신의 자리를 성실한 빌리에게 물려주었다.

기회란 번쩍번쩍한 금테를 두르고 우리 앞에 짠 나타나지 않는다.

기회를 받아들일 마음의 준비가 되어 있어야 하는 것이다. 준비가 되어 있지 않은 이는 이것이 자신의 기회인지도 모르고 흘려보낸다. 안타까운 일이 아닐 수 없다. 눈앞의 복을 복인지도 모르고 바이바이 인사해야 한다는 것은.

세계적인 지휘자 카라얀도 처음부터 명지휘자가 된 것이 아니라 원 지휘자가 결석하여 대신 지휘한 것이 그를 스타로 만들었다는 일화가 있다. 만약 그가 지휘자로서의 능력이 미처 갖추어지지 못했다면 그는 지금 그의 자리에 설 수 있었을까? 기회가 오더라도 당신이 그것을 잡을 능력을 갖추지 못했다면, 그것은 당신에게 기회가 아니다.

준비되지 않은 마음일 때 기회는 '우연'의 모습을 하고 나타난다. 하지만 준비된 자에게는 그 우연이 새로운 아이디어의 획기적인 '발판'이 된다.

중국 수학자 화뤄경은 "과학적인 발견이 우연한 기회에 이루어졌다면 이러한 우연한 기회는 평소 자질을 갖춘 사람, 독립적인 사고를 하는 사람, 그리고 중도에 포기하지 않고 끝까지 노력하는 사람에게 찾아온다. 게으른 사람에게 우연한 기회란 없다"고 말한다.

당신은 당신의 신념에 대한 용기와 자신감을 가질 필요가 있다. 그리고 독창성과 결단력, 열린 마음으로 사리를 판단해야 한다.

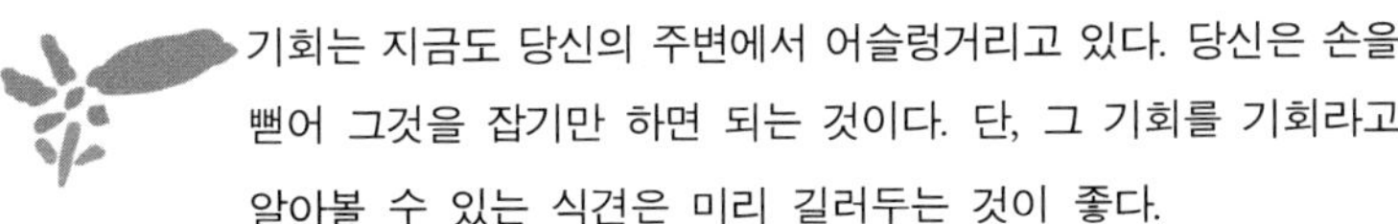기회는 지금도 당신의 주변에서 어슬렁거리고 있다. 당신은 손을 뻗어 그것을 잡기만 하면 되는 것이다. 단, 그 기회를 기회라고 알아볼 수 있는 식견은 미리 길러두는 것이 좋다.

# 아이디어를 잡아라

1975년 4월 캘리포니아, 개리 달은 친구들과 술을 마시고 있었다. 그는 친구들과 애완견에 대해 이야기를 나누다 경제적으로 힘든 시기에 왜 굳이 애완동물을 키워야 하느냐에 대한 토론을 시작했다. 그러는 동안, 개리의 머릿속에 한 가지 아이디어가 떠올랐다. 그것은 바로 애완 돌이었다.

그는 바로 아이디어를 구체화하기 시작했다. 책 제목을 『애완 돌 관리와 훈련』이라고 정했다. 그는 본문에 복종<sup>주인이 불러도 애완 돌이 오지</sup>

않을 경우, 주인은 당혹감을 느낄 것입니다과 장난죽은 척해 보세요 당신의 애완 돌은 이 장난을 좋아할 것입니다, 건강애완 돌에서 피가 날 경우, 그 즉시 국세청에 연락을 취하십시오 국세청은 이 문제를 해결하기 위해 수년 간 노력해왔습니다에 관한 내용을 포함시켰다.

그때의 국가 정세는 불경기의 최고조였다. 물가는 당초에 비해 20퍼센트나 폭등했고 인플레이션 증가가 경기 침체와 맞물려 그 어느 때보다 생활이 힘들어진 상태였다.

개리는 긴박한 경제 상황을 잊을 수 있도록 유머를 첨가했다. 그는 안내서에 뻔한 농담을 싣는 대신, 심각한 어조와 엉뚱한 생각을 실었다. 그리고 그는 애완 돌을 대팻밥으로 만든 받침대에 앉히고, 애완돌과 받침대, 그리고 안내서를 넣을 수 있는 '애완 돌 캐리어'를 만들었다.

개리의 이 앙증맞은 코믹 상품은 일주일 만에 일대 사건으로 탈바꿈했다. 애완 돌은 약 6개월 만에 100만 세트 이상 팔렸고, 하나의 문화 현상으로까지 자리 잡았다.

그의 성공 요인을 무엇이라고 생각하는가? 과학 전문 작가인 말콤 글래드웰은 "아이디어와 제품, 메시지, 행동 등은 바이러스처럼 퍼져 나갑니다"라는 말을 했다.

유머러스한 책과 익살맞은 포장에 유쾌함이라는 컨셉을 결합시킨 개리의 애완 돌은 소비자들에게 긍정적인 감정을 불러일으켰다. 사실 그 아이디어 자체는 별 볼 일 없었다. 하지만 그는 자신의 아이디어를 믿고 노력해서 그것을 구체화했다. 그것으로 충분했다.

요즘 시대에 아이디어는 생존이다. 사람들은 건강한 웃음과 활력을 얻을 수 있는 어떤 것을 원한다. 좋은 아이디어는 세상을 행복하게 변화시키는 원동력이며, 당신을 어필할 수 있는 경쟁력이다.

지금 당신의 머릿속에 떠오르는 그것을 무심히 넘기지 마라. 그것은 당신의 인생에 가장 큰 파동을 일으킬지도 모른다.